UMĚNÍ PEČENÍ VEGANSKÉHO CHLEBA DOMA

Veganský přístup k domácímu chlebu prostřednictvím 100 receptů

Natálie Mládková

Materiál chráněný autorským právem ©2024

Všechna práva vyhrazena

Žádná část této knihy nesmí být použita nebo přenášena v jakékoli formě nebo jakýmikoli prostředky bez řádného písemného souhlasu vydavatele a vlastníka autorských práv, s výjimkou krátkých citací použitých v recenzi. Tato kniha by neměla být považována za náhradu lékařských, právních nebo jiných odborných rad.

OBSAH

- OBSAH 3
- ÚVOD 6
- **PORTUGALSKÝ CHLÉB** 7
  - 1. Bola De Carne 8
  - 2. Broa De Milho 11
  - 3. Pão Alentejano 13
  - 4. Papo-Seco nebo Carcaça 15
  - 5. Pão De Mafra 18
  - 6. Broa De Avintes 21
  - 7. Pão De Centeio 23
  - 8. Broa De Avintes 25
  - 9. Pão De Água 27
  - 10. Pão De Batata 29
  - 11. Pão z Mealhady 31
  - 12. Pão De Alfarroba 33
  - 13. Pão De Rio Maior 35
  - 14. Pão De Centeio 37
  - 15. Regueifa 39
- **ŠPANĚLSKÝ CHLÉB** 41
  - 16. Pan Con Tomate 42
  - 17. Pan Rustico 44
  - 18. Pan De Payés 46
  - 19. Pan Gallego 48
  - 20. Pan kubánský o 51
  - 21. Pan De Alfacar 53
  - 22. Pan Cateto 55
  - 23. Pan De Cruz 57
  - 24. Pataqueta 59
  - 25. Telera 61
  - 26. Llonguet 63
  - 27. B oroňa 65
  - 28. Pistole 67
  - 29. Regañao 69
  - 30. Torta de Aranda 72
  - 31. Txantxigorri 74
  - 32. Pan De Semillas 76
  - 33. Oreja 79
- **ŘECKÝ CHLÉB** 81
  - 34. Lagana 82
  - 35. Horiatiko Psomi 84
  - 36. Ládeni 86

- 37. Psomi Pita ... 89
- 38. Psomi Spitiko ... 91
- 39. Koulouri Thessalonikis ... 93
- 40. Artos ... 96
- 41. Zea ... 98
- 42. Paximathia ... 100
- 43. Batzina ... 103
- 44. Psomi Tou Kyrion ... 105
- 45. Xerotigana ... 107

FRANCOUZSKÝ CHLÉB ... 110

- 46. Bageta ... 111
- 47. Bagety Au Levain ... 115
- 48. Pain d'Épi ... 117
- 49. Pain d'Épi Aux Herbes ... 120
- 50. Fouée ... 123
- 51. Fougasse ... 126
- 52. Fougasse à l'Ail ... 129
- 53. Fougasse Au Romarin ... 131
- 54. Pain De Campagne ... 133
- 55. Boule De Pain ... 136
- 56. La Petite Boule De Pain ... 139
- 57. Kompletní bolest ... 142
- 58. Pain Aux Noix ... 145
- 59. Gibassier ... 148
- 60. Pain Au Son ... 150
- 61. Faluche ... 152
- 62. Pain De Seigle ... 154
- 63. Miche ... 157

ITALSKÝ CHLÉB ... 159

- 64. Grissini Alle Erbe ... 160
- 65. Pane Pugliese ... 162
- 66. Grissini ... 165
- 67. Pane Pita ... 167
- 68. Pane Al Farro ... 169
- 69. Focaccia ... 172
- 70. Focaccia Di Mele ... 175
- 71. Schiacciata ... 178
- 72. Pane Di Altamura ... 180
- 73. Pane Casareccio ... 183
- 74. Pane Toscano ... 185
- 75. Pane Di Semola ... 187
- 76. Pane Al Pomodoro ... 189
- 77. Pane Alle Olive ... 191

78. Pane Alle Noci 193
79. Pane Alle Erbe 195
80. Pane Di Riso 197
81. Pane Di Ceci 199
82. Pane Di Patate 201
83. Taralli 203

TURECKÝ CHLÉB 205
84. Simit 206
85. Ekmek 209
86. Lahmacun 211
87. Bazlama 214
88. Sırıklı Ekmek 216
89. Lavaş 219
90. Acı Ekmeği 221
91. Peksimet 224
92. Čevizli Ekmek 226
93. Yufka 228
94. Pide Ekmek 230
95. Vakfıkebir Ekmeği 233
96. Karadeniz Yöresi Ekmeği 236
97. Köy Ekmeği 239
98. Tost Ekmeği 242
99. Kaşarlı Ekmek 244
100. Kete 247

ZÁVĚR 250

ÚVOD

Vítejte v "Umění pečení veganského chleba doma", kulinářském dobrodružství, kde prozkoumáme svět veganského pečení prostřednictvím 100 úžasných receptů na chléb. Tato kuchařka je vaším průvodcem k vytvoření lahodného a rostlinného chleba v pohodlí vaší vlastní kuchyně. Vydejte se s námi na cestu, která oslavuje umění veganské výroby chleba, od vůně kynutého těsta až po uspokojení z vychutnání čerstvě upečeného bochníku.

Představte si kuchyni plnou vůní teplého chleba, zlatavých kůrek a zdravých ingrediencí, které jsou v souladu s vaším veganským životním stylem. „Umění pečení veganského chleba doma" není jen sbírka receptů; je to zkoumání technik, chutí a radosti, které s sebou přináší výroba veganského chleba. Ať už jste ostřílený pekař nebo někdo nový ve světě veganství, tyto recepty jsou vytvořeny tak, aby vás inspirovaly k vytváření lahodných bochníků bez krutosti.

Od klasických sendvičových chlebů po řemeslné kynuté těsto a od sladkých snídaňových pochoutek až po slané rohlíky, každý recept je oslavou všestrannosti a kreativity, kterou veganské pečení nabízí. Ať už pečete k snídani, obědu, večeři nebo lahodné svačině, tato kuchařka je vaším oblíbeným zdrojem pro zdokonalení vašich veganských dovedností v přípravě chleba.

Připojte se k nám, když se ponoříme do umění veganského chleba, kde každý recept je důkazem možností a lahodnosti, které vznikají, když se rostlinné suroviny spojí. Shromážděte tedy mouku, kvásek a ingredience vhodné pro vegany, přijměte radost z pečení a vydejte se na kulinářskou cestu „Uměním pečení veganského chleba doma".

PORTUGALSKÝ CHLÉB

1. Bola De Carne

SLOŽENÍ:
NA TĚSTO:
- 4 hrnky chlebové mouky
- 10 g soli
- 10g cukru
- 7 g instantního sušeného droždí
- 250 ml teplé vody
- 2 lžíce olivového oleje

K NÁPLNĚ:
- 300 g mletého hovězího masa (nebo směsi hovězího a vepřového)
- 1 malá cibule, nakrájená nadrobno
- 2 stroužky česneku, nasekané
- 1 malá mrkev, jemně nastrouhaná
- 1 lžíce rajčatového protlaku
- 1 lžička papriky
- Sůl a pepř na dochucení
- Nasekaná čerstvá petrželka (volitelně)

INSTRUKCE:
a) Ve velké míse smíchejte chlebovou mouku, sůl a cukr.

b) V samostatné malé misce rozpusťte instantní suché droždí v teplé vodě. Necháme asi 5 minut odležet, dokud nezpění.

c) Do mísy s moukou nalijte droždovou směs. Přidejte olivový olej. Dobře promíchejte, dokud se všechny ingredience důkladně nespojí a vytvoří lepivé těsto.

d) Těsto přeneste na lehce pomoučněnou plochu a hněťte asi 10 minut, dokud nebude hladké a pružné.

e) Těsto vložíme zpět do mísy, přikryjeme čistou kuchyňskou utěrkou nebo igelitem a necháme na teplém místě kynout asi 1 až 2 hodiny, nebo dokud nezdvojnásobí svůj objem.

f) Zatímco těsto kyne, připravte si náplň. Na pánvi rozehřejte na středním plameni trochu olivového oleje. Přidejte nakrájenou cibuli a nasekaný česnek a restujte, dokud nezezlátnou.

g) Přidejte mleté hovězí maso (nebo směs hovězího a vepřového) na pánev a vařte do zhnědnutí. Přidejte nastrouhanou mrkev, rajčatový protlak, papriku, sůl a pepř. Dobře promíchejte, aby se všechny ingredience spojily. Vařte dalších pár minut, dokud se chutě nespojí. Odstraňte z ohně a nechte vychladnout.

h) Jakmile těsto vykyne, přendejte ho na pomoučněnou plochu a rozdělte na dvě stejné části.

i) Vezměte jednu část těsta a vyválejte z něj kruh nebo oválný tvar o tloušťce asi ¼ palce.

j) Polovinu masové náplně rozetřeme na vyválené těsto, na okrajích necháme malý okraj.

k) Druhou část těsta rozválejte do podobného tvaru a položte ji na masovou náplň, okraje spojte k sobě. Okraje můžete zmáčknout prsty nebo je k sobě přimáčknout vidličkou.

l) Předehřejte troubu na 200 °C (400 °F).

m) Sestavená Bola de Carne přeneste na plech vyložený pečicím papírem. Na vršku chleba udělejte několik mělkých zářezů, aby během pečení mohla unikat pára.

n) Bola de Carne pečte v předehřáté troubě asi 30 až 35 minut, nebo dokud nebude zvenčí zlatavě hnědá a po poklepání na dno zní dutě.

o) Vyjměte Bola de Carne z trouby a před krájením a podáváním jej nechte mírně vychladnout.

2. Broa De Milho

SLOŽENÍ:
- 250 g kukuřičné mouky (jemně nebo středně mleté)
- 250 g pšeničné mouky
- 10 g soli
- 10g cukru
- 10 g aktivního sušeného droždí
- 325 ml teplé vody
- Olivový olej, na mazání

INSTRUKCE:
a) Ve velké míse smíchejte kukuřičnou mouku, pšeničnou mouku, sůl a cukr.
b) V samostatné misce rozpusťte droždí v teplé vodě a nechte asi 5 minut uležet, dokud nezpění.
c) Kváskovou směs nalijte do mísy s kukuřičnou moukou a moukou. Dobře promíchejte, dokud se všechny ingredience důkladně nespojí a vytvoří lepivé těsto.
d) Mísu přikryjte čistou kuchyňskou utěrkou nebo plastovou fólií a nechte těsto kynout na teplém místě asi 1 až 2 hodiny, nebo dokud nezdvojnásobí svůj objem.
e) Předehřejte troubu na 200 °C (400 °F) a plech vymažte tukem nebo vyložte pečicím papírem.
f) Jakmile těsto vykyne, jemně z něj vytvarujte kulatý nebo oválný bochník a položte ho na připravený plech.
g) Bochník přikryjeme čistou kuchyňskou utěrkou a necháme ještě 30 minut kynout.
h) Po druhém kynutí udělejte ostrým nožem nebo žiletkou několik mělkých řezů na horní části bochníku. To pomůže chleba roztáhnout při pečení.
i) Plech vložíme do předehřáté trouby a chléb pečeme asi 30 až 35 minut, nebo dokud není zvenku zlatavě hnědý a po poklepání na dno zní dutě.
j) Jakmile je broa de milho upečená, vyjměte ji z trouby a před krájením a podáváním nechte vychladnout na mřížce.

3.Pão Alentejano

SLOŽENÍ:
- 4 hrnky silné chlebové mouky
- 350 ml teplé vody
- 10 g soli
- 5 g aktivního sušeného droždí

INSTRUKCE:
a) Ve velké míse smíchejte chlebovou mouku a sůl.
b) V samostatné misce rozpusťte droždí v teplé vodě a nechte asi 5 minut uležet, dokud nezpění.
c) Kváskovou směs nalijte do mísy s moukou a solí. Dobře promíchejte, dokud se ingredience zcela nespojí a nevytvoří lepivé těsto.
d) Mísu přikryjte čistou kuchyňskou utěrkou nebo plastovou fólií a nechte těsto kynout na teplém místě asi 1 až 2 hodiny, nebo dokud nezdvojnásobí svůj objem. To umožňuje kvasnice fermentovat a rozvíjet chuť.
e) Po vykynutí těsta předehřejte troubu na 220 °C (425 °F).
f) Čistý povrch lehce pomoučněte a těsto na něj vyklopte. Těsto hněteme asi 10 minut, dokud nebude hladké a pružné.
g) Z těsta vytvarujeme kulatý bochník a dáme na plech vyložený pečicím papírem nebo na vymazaný pekáč.
h) Bochník přikryjeme čistou kuchyňskou utěrkou a necháme ještě 30 minut kynout.
i) Jakmile těsto znovu vykyne, ostrým nožem nebo žiletkou udělejte na horní části bochníku několik šikmých řezů. To umožní, aby se chléb během pečení roztáhl.
j) Plech vložte do předehřáté trouby a pečte chléb asi 30 až 35 minut, nebo dokud nezezlátne a při poklepání na dno nezní dutě.
k) Jakmile je chléb upečený, vyjměte jej z trouby a před krájením a podáváním jej nechte vychladnout na mřížce.
l) Užijte si své domácí Pão Alentejano!

4. Papo-Seco nebo Carcaça

SLOŽENÍ:
- 4 hrnky chlebové mouky
- 10 g soli
- 10g cukru
- 7 g instantního sušeného droždí
- 300 ml teplé vody
- Olivový olej
- Extra mouka na posypání

INSTRUKCE:

a) Ve velké míse smíchejte chlebovou mouku, sůl, cukr a instantní sušené droždí.

b) K suchým ingrediencím postupně přidávejte teplou vodu za míchání vařečkou nebo špachtlí.

c) Pokračujte v míchání, dokud se těsto nespojí a nebude těžké ho míchat.

d) Těsto přeneste na lehce pomoučněnou plochu a hněťte asi 10 minut, dokud nebude hladké a pružné.

e) Z těsta vytvarujte kouli a vložte ji zpět do mísy. Těsto pokapejte trochou olivového oleje a otáčejte, aby se rovnoměrně pokrylo olejem.

f) Mísu přikryjte čistou kuchyňskou utěrkou nebo plastovou fólií a nechte těsto kynout na teplém místě asi 1 až 2 hodiny, nebo dokud nezdvojnásobí svůj objem.

g) Jakmile těsto vykyne, promáčkněte ho, aby se uvolnil vzduch, a přeneste ho zpět na pomoučněnou plochu.

h) Těsto rozdělte na menší porce, každou o hmotnosti asi 70–80 g, v závislosti na požadované velikosti rohlíků.

i) Z každé části vytvarujte kulatou kouli tak, že přehnete její okraje a dlaní ji povalíte proti povrchu.

j) Vytvarované rohlíky položte na plech vyložený pečicím papírem, ponechte mezi nimi prostor pro roztažení.

k) Plech přikryjte čistou kuchyňskou utěrkou a nechte housky kynout dalších 30 minut.

l) Předehřejte troubu na 220 °C (425 °F).

m) Jakmile rohlíky vykynou, ostrým nožem nebo žiletkou udělejte několik diagonálních řezů na horní části každého rohlíku.

n) Plech vložíme do předehřáté trouby a rohlíky pečeme asi 15 až 20 minut, nebo dokud nezezlátnou a po poklepání na dno neznějí dutě.

o) Jakmile jsou Papo-seco nebo Carcaça upečené, vyjměte je z trouby a před podáváním je nechte vychladnout na mřížce.

p) Užijte si své domácí Papo-seco nebo Carcaça! Jsou ideální na sendviče nebo podávané k vašim oblíbeným jídlům.

5. Pão De Mafra

SLOŽENÍ:
- 1 kg chlebové mouky
- 20 g soli
- 20 g cukru
- 20 g čerstvého droždí
- 700 ml teplé vody
- Olivový olej
- Extra mouka na posypání

INSTRUKCE:
a) Ve velké míse smíchejte chlebovou mouku, sůl a cukr.
b) V samostatné malé misce rozpusťte čerstvé droždí v malém množství teplé vody. Pokud používáte aktivní suché droždí, rozpusťte je v malém množství teplé vody se špetkou cukru a nechte 5 minut uležet, dokud nezpění.
c) Uprostřed moučné směsi udělejte důlek a nalijte do něj rozpuštěné droždí.
d) Do mísy postupně přidávejte teplou vodu za stálého míchání dřevěnou lžící nebo špachtlí. Pokračujte v míchání, dokud se těsto nespojí.
e) Těsto přeneste na lehce pomoučněnou plochu a hněťte asi 10–15 minut, dokud nebude hladké, pružné a lehce lepivé.
f) Z těsta vytvarujte kouli a vložte ji zpět do mísy. Těsto pokapejte trochou olivového oleje a otáčejte, aby se rovnoměrně pokrylo olejem.
g) Mísu přikryjte čistou kuchyňskou utěrkou nebo plastovou fólií a nechte těsto kynout na teplém místě asi 2 až 3 hodiny, nebo dokud nezdvojnásobí svůj objem.
h) Jakmile těsto vykyne, promáčkněte ho, aby se uvolnil vzduch, a přeneste ho zpět na pomoučněnou plochu.
i) Těsto rozdělte na dvě stejné části a z každé vytvarujte kulatý nebo oválný bochník. Bochníky položte na plech vyložený pečicím papírem.
j) Plech přikryjte čistou kuchyňskou utěrkou a nechte bochníky kynout dalších 30 až 60 minut.
k) Předehřejte troubu na 230 °C (450 °F).

l) Jakmile bochníky vykynou, udělejte ostrým nožem nebo žiletkou několik diagonálních řezů na horní části každého bochníku.

m) Plech vložíme do předehřáté trouby a bochníky pečeme asi 25 až 30 minut, nebo dokud nezezlátnou a po poklepání na dno neznějí dutě.

n) Jakmile je Pão de Mafra upečený, vyjměte bochníky z trouby a před krájením a podáváním je nechte vychladnout na mřížce.

6.Broa De Avintes

SLOŽENÍ:
- 250 g kukuřičné mouky (jemně nebo středně mleté)
- 250 g pšeničné mouky
- 10 g soli
- 10g cukru
- 7 g aktivního sušeného droždí
- 325 ml teplé vody
- Olivový olej, na mazání

INSTRUKCE:

a) Ve velké míse smíchejte kukuřičnou mouku, pšeničnou mouku, sůl a cukr.

b) V samostatné malé misce rozpusťte aktivní suché droždí v teplé vodě. Necháme asi 5 minut odležet, dokud nezpění.

c) Kváskovou směs nalijte do mísy s kukuřičnou moukou a moukou. Dobře promíchejte, dokud se všechny ingredience důkladně nespojí a vytvoří lepivé těsto.

d) Mísu přikryjte čistou kuchyňskou utěrkou nebo plastovou fólií a nechte těsto kynout na teplém místě asi 1 až 2 hodiny, nebo dokud nezdvojnásobí svůj objem.

e) Předehřejte troubu na 200 °C (400 °F) a plech vymažte tukem nebo vyložte pečicím papírem.

f) Jakmile těsto vykyne, jemně z něj vytvarujte kulatý nebo oválný bochník a položte ho na připravený plech.

g) Bochník přikryjeme čistou kuchyňskou utěrkou a necháme ještě 30 minut kynout.

h) Po druhém kynutí udělejte ostrým nožem nebo žiletkou několik mělkých řezů na horní části bochníku. To pomůže chleba roztáhnout při pečení.

i) Plech vložíme do předehřáté trouby a chléb pečeme asi 30 až 35 minut, nebo dokud není zvenku zlatavě hnědý a po poklepání na dno zní dutě.

j) Jakmile je broa de Avintes upečená, vyjměte je z trouby a před krájením a podáváním nechte vychladnout na mřížce.

7. Pão De Centeio

SLOŽENÍ:
- 250 g žitné mouky
- 250 g chlebové mouky
- 10 g soli
- 7 g instantního sušeného droždí
- 325 ml teplé vody
- Olivový olej, na mazání
- Extra mouka na posypání

INSTRUKCE:
a) Ve velké míse smíchejte žitnou mouku, chlebovou mouku a sůl.
b) V samostatné malé misce rozpusťte instantní suché droždí v teplé vodě. Necháme asi 5 minut odležet, dokud nezpění.
c) Do mísy nalijte kváskovou směs s moukou a solí. Dobře promíchejte, dokud se všechny ingredience důkladně nespojí a vytvoří lepivé těsto.
d) Mísu přikryjte čistou kuchyňskou utěrkou nebo plastovou fólií a nechte těsto kynout na teplém místě asi 1 až 2 hodiny, nebo dokud nezdvojnásobí svůj objem.
e) Předehřejte troubu na 220 °C (425 °F) a plech vymažte tukem nebo vyložte pečicím papírem.
f) Jakmile těsto vykyne, přendejte ho na lehce pomoučněnou plochu a vytvarujte z něj kulatý nebo oválný bochník.
g) Položte bochník na připravený plech. Ostrým nožem nebo žiletkou proveďte několik mělkých řezů na horní části bochníku.
h) Bochník přikryjeme čistou kuchyňskou utěrkou a necháme ještě 30 minut kynout.
i) Chleba pečte v předehřáté troubě asi 35 až 40 minut, nebo dokud není zlatavě hnědý a po poklepání na dno zní dutě.
j) Jakmile je Pão de Centeio upečené, vyjměte ho z trouby a před krájením a podáváním nechte vychladnout na mřížce.

8.Broa De Avintes

SLOŽENÍ:
- 250 g kukuřičné mouky
- 250 g chlebové mouky
- 10 g soli
- 7 g instantního sušeného droždí
- 325 ml teplé vody
- Olivový olej, na mazání

INSTRUKCE:
a) Ve velké míse smíchejte kukuřičnou mouku, chlebovou mouku, sůl a instantní sušené droždí.
b) K suchým ingrediencím za míchání postupně přidávejte teplou vodu. Pokračujte v míchání, dokud se všechny ingredience důkladně nespojí a nevytvoří lepivé těsto.
c) Těsto přeneste na lehce pomoučněnou plochu a hněťte asi 10 minut, dokud nebude hladké a pružné. V případě potřeby přidejte více mouky, ale dejte pozor, aby těsto nebylo příliš suché.
d) Těsto vložíme zpět do mísy, přikryjeme čistou kuchyňskou utěrkou nebo igelitem a necháme na teplém místě kynout asi 1 až 2 hodiny, nebo dokud nezdvojnásobí svůj objem.
e) Jakmile těsto vykyne, předehřejte troubu na 200 °C (400 °F).
f) Těsto promáčkněte, aby se uvolnil vzduch, a vytvarujte z něj kulatý bochník nebo jednotlivé válečky, podle vašich preferencí.
g) Vytvarované těsto dejte na plech vyložený pečicím papírem. Na vršku chleba udělejte několik mělkých zářezů, aby se při pečení mohl roztáhnout.
h) Plech přikryjte čistou kuchyňskou utěrkou a nechte těsto ještě 30 minut kynout.
i) Broa de Avintes pečte v předehřáté troubě asi 30 až 35 minut, nebo dokud nebude zvenčí zlatavě hnědá a po poklepání na dno zní dutě.
j) Vyjměte chléb z trouby a před podáváním jej nechte vychladnout na mřížce.

1.
2.

9. Pão De Água

SLOŽENÍ:
- 4 hrnky chlebové mouky
- 2 lžičky soli
- 2 lžičky instantního droždí
- 2 šálky vlažné vody

INSTRUKCE:
a) Ve velké míse smíchejte chlebovou mouku, sůl a instantní droždí.
b) Postupně přilévejte vlažnou vodu a dobře promíchejte, dokud nevznikne hladké těsto.
c) Těsto přendejte na pomoučněnou plochu a hněťte asi 10 minut, dokud nebude hladké a pružné.
d) Těsto vložíme zpět do mísy, přikryjeme utěrkou a necháme na teplém místě kynout 1–2 hodiny nebo do zdvojnásobení objemu.
e) Předehřejte troubu na 450 °F (230 °C) a na střední mřížku položte pečicí kámen nebo plech.
f) Vytlačte těsto a vytvarujte z něj kulatý nebo oválný bochník.
g) Bochník položte na plech vyložený pečicím papírem a nechte ještě 30 minut kynout.
h) Ostrým nožem udělejte na bochníku šikmé řezy
i) Plech přeneste na předehřátý pečicí kámen nebo plech v troubě.
j) Pečte asi 30–35 minut, nebo dokud chléb nezezlátne a po poklepání na dno zní dutě.
k) Vyjměte z trouby a před krájením a podáváním nechte vychladnout na mřížce.

10. Pão De Batata

SLOŽENÍ:
- 2 střední brambory, oloupané a nakrájené na kostičky
- 1 šálek teplé vody
- 2 lžíce olivového oleje
- 1 lžíce instantního droždí
- 2 lžičky soli
- 4 hrnky chlebové mouky

INSTRUKCE:
a) Nakrájené brambory dejte do hrnce a zalijte vodou. Vařte, dokud brambory nezměknou.
b) Uvařené brambory scedíme a rozmačkáme do hladka. Necháme mírně vychladnout.
c) Ve velké misce smíchejte teplou vodu, olivový olej, instantní droždí a sůl. Dobře promíchejte.
d) Ke směsi přidejte bramborovou kaši a míchejte, dokud se dobře nespojí.
e) Postupně přidávejte chlebovou mouku, dobře promíchejte, dokud nevznikne měkké těsto.
f) Těsto přeneste na pomoučněnou plochu a hněťte asi 10 minut, nebo dokud nebude hladké a pružné.
g) Těsto vložíme zpět do mísy, přikryjeme utěrkou a necháme na teplém místě kynout 1–2 hodiny nebo do zdvojnásobení objemu.
h) Předehřejte troubu na 375 °F (190 °C) a vymažte formu na chleba.
i) Těsto protlačte a vytvarujte z něj bochník. Vložíme do vymaštěné chlebové formy.
j) Pánev přikryjeme utěrkou a těsto necháme dalších 30 minut kynout.
k) Pečte přibližně 30–35 minut, nebo dokud chléb nezezlátne a po poklepání na dno zní dutě.
l) Vyjměte z trouby a před krájením a podáváním nechte vychladnout na mřížce.

11. Pão z Mealhady

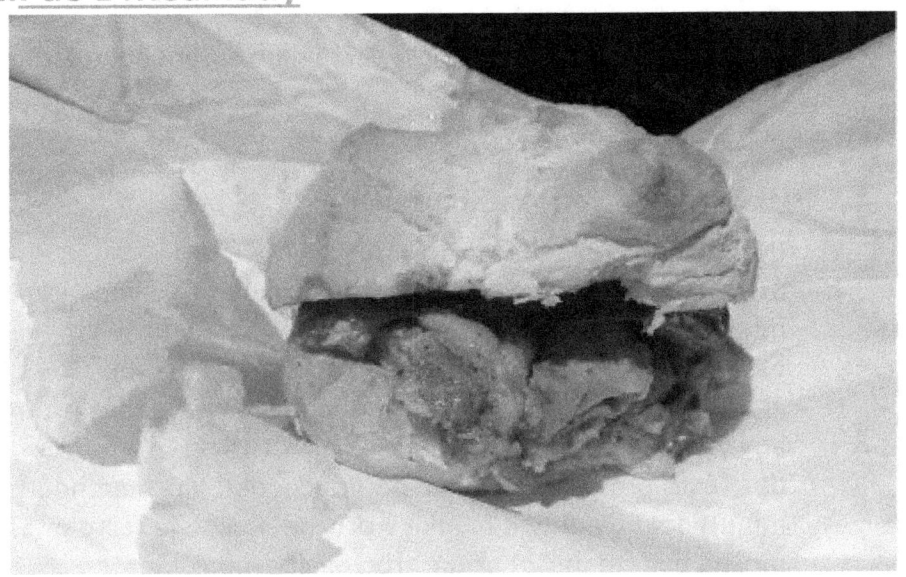

SLOŽENÍ:
- 4 hrnky chlebové mouky
- 1 balíček (2 ¼ čajové lžičky) aktivního sušeného droždí
- 1 lžička cukru
- 1 lžička soli
- 2 šálky teplé vody

INSTRUKCE:

a) V malé misce rozpusťte droždí a cukr v teplé vodě. Necháme 5 minut uležet, dokud nezpění.
b) Ve velké míse smíchejte chlebovou mouku a sůl.
c) Kváskovou směs vlijte do moučné směsi a dobře promíchejte, aby vzniklo lepivé těsto.
d) Těsto přeneste na lehce pomoučněnou plochu a hněťte asi 10 minut, dokud nebude hladké a pružné. Pokud je těsto příliš lepivé, možná budete muset přidat trochu více mouky.
e) Těsto dejte do vymazané mísy, přikryjte čistou kuchyňskou utěrkou a nechte na teplém místě kynout asi 1 hodinu nebo do zdvojnásobení objemu.
f) Předehřejte troubu na 450 °F (230 °C).
g) Těsto protlačte a vytvarujte z něj kulatý bochník.
h) Bochník položte na plech vyložený pečicím papírem.
i) Ostrým nožem udělejte na bochníku několik mělkých zářezů.
j) Těsto necháme dalších 15 minut odpočinout.
k) Chleba pečte v předehřáté troubě asi 20–25 minut, nebo dokud není kůrka zlatavě hnědá a chléb zní dutě, když poklepete na dno.
l) Vyjměte chléb z trouby a před krájením ho nechte vychladnout na mřížce.

12. Pão De Alfarroba

SLOŽENÍ:
- 4 hrnky chlebové mouky
- 1 balíček (2 ¼ čajové lžičky) aktivního sušeného droždí
- 1 lžička cukru
- 1 lžička soli
- 2 lžíce karobového prášku
- 2 lžíce olivového oleje
- 1 ½ šálku teplé vody

INSTRUKCE:

a) V malé misce rozpusťte droždí a cukr v teplé vodě. Necháme 5 minut uležet, dokud nezpění.

b) Ve velké míse smíchejte chlebovou mouku, sůl a karobový prášek.

c) Kváskovou směs a olivový olej nalijte do moučné směsi a dobře promíchejte, aby vzniklo lepivé těsto.

d) Těsto přeneste na lehce pomoučněnou plochu a hněťte asi 10 minut, dokud nebude hladké a pružné. Pokud je těsto příliš lepivé, možná budete muset přidat trochu více mouky.

e) Těsto dejte do vymazané mísy, přikryjte čistou kuchyňskou utěrkou a nechte na teplém místě kynout asi 1 hodinu nebo do zdvojnásobení objemu.

f) Předehřejte troubu na 400 °F (200 °C).

g) Těsto protlačte a vytvarujte do kulatého bochníku nebo požadovaného tvaru.

h) Bochník položte na plech vyložený pečicím papírem.

i) Těsto necháme dalších 15 minut odpočinout.

j) Chleba pečte v předehřáté troubě asi 25–30 minut nebo dokud není kůrka zlatavě hnědá a chléb při poklepání na dno zní dutě.

k) Vyjměte chléb z trouby a před krájením ho nechte vychladnout na mřížce.

13.Pão De Rio Maior

SLOŽENÍ:
- 4 hrnky chlebové mouky
- 1 balíček (2 ¼ čajové lžičky) aktivního sušeného droždí
- 1 lžička cukru
- 1 lžička soli
- 2 šálky teplé vody

INSTRUKCE:
a) V malé misce rozpusťte droždí a cukr v teplé vodě. Necháme 5 minut uležet, dokud nezpění.
b) Ve velké míse smíchejte chlebovou mouku a sůl.
c) Kváskovou směs vlijte do moučné směsi a dobře promíchejte, aby vzniklo lepivé těsto.
d) Těsto přeneste na lehce pomoučněnou plochu a hněťte asi 10 minut, dokud nebude hladké a pružné. Pokud je těsto příliš lepivé, možná budete muset přidat trochu více mouky.
e) Těsto dejte do vymazané mísy, přikryjte čistou kuchyňskou utěrkou a nechte na teplém místě kynout asi 1 hodinu nebo do zdvojnásobení objemu.
f) Předehřejte troubu na 450 °F (230 °C).
g) Vytlačte těsto a vytvarujte z něj kulatý nebo oválný bochník.
h) Bochník položte na plech vyložený pečicím papírem.
i) Těsto necháme dalších 15 minut odpočinout.
j) Nařízněte vršek bochníku ostrým nožem a vytvořte mělké řezy.
k) Chleba pečte v předehřáté troubě asi 20–25 minut, nebo dokud není kůrka zlatavě hnědá a chléb zní dutě, když poklepete na dno.
l) Vyjměte chléb z trouby a před krájením ho nechte vychladnout na mřížce.
m) Vychutnejte si domácí Pão de Rio Maior jako lahodný doplněk k vašim jídlům nebo jako chutnou svačinku!

14.Pão De Centeio

SLOŽENÍ:
- 2 hrnky žitné mouky
- 2 hrnky chlebové mouky
- 1 balíček (2 ¼ čajové lžičky) aktivního sušeného droždí
- 1 lžička cukru
- 1 lžička soli
- 1 ½ šálku teplé vody

INSTRUKCE:
a) V malé misce rozpusťte droždí a cukr v teplé vodě. Necháme 5 minut uležet, dokud nezpění.
b) Ve velké míse smíchejte žitnou mouku, chlebovou mouku a sůl.
c) Kváskovou směs vlijte do moučné směsi a dobře promíchejte, aby vzniklo lepivé těsto.
d) Těsto přeneste na lehce pomoučněnou plochu a hněťte asi 10 minut, dokud nebude hladké a pružné. Pokud je těsto příliš lepivé, možná budete muset přidat trochu více mouky.
e) Těsto dejte do vymazané mísy, přikryjte čistou kuchyňskou utěrkou a nechte na teplém místě kynout asi 1 hodinu nebo do zdvojnásobení objemu.
f) Předehřejte troubu na 400 °F (200 °C).
g) Vytlačte těsto a vytvarujte z něj kulatý nebo oválný bochník.
h) Bochník položte na plech vyložený pečicím papírem.
i) Těsto necháme dalších 15 minut odpočinout.
j) Nařízněte vršek bochníku ostrým nožem a vytvořte mělké řezy.
k) Chleba pečte v předehřáté troubě asi 40–45 minut nebo dokud není kůrka tmavě zlatohnědá a chléb zní dutě, když poklepete na dno.
l) Vyjměte chléb z trouby a před krájením ho nechte vychladnout na mřížce.

15. Regueifa

SLOŽENÍ:
- 4 hrnky chlebové mouky
- 2 ¼ lžičky aktivního sušeného droždí
- 1 lžička cukru
- 1 lžička soli
- 2 lžíce olivového oleje
- 1 ½ šálku teplé vody
- Hrubý cukr nebo sezamová semínka, na polevu (volitelně)

INSTRUKCE:
a) V malé misce rozpusťte droždí a cukr v teplé vodě. Necháme 5 minut uležet, dokud nezpění.
b) Ve velké míse smíchejte chlebovou mouku a sůl.
c) Kváskovou směs a olivový olej nalijte do moučné směsi a dobře promíchejte, aby vzniklo lepivé těsto.
d) Těsto přeneste na lehce pomoučněnou plochu a hněťte asi 10 minut, dokud nebude hladké a pružné. Pokud je těsto příliš lepivé, možná budete muset přidat trochu více mouky.
e) Těsto dejte do vymazané mísy, přikryjte čistou kuchyňskou utěrkou a nechte na teplém místě kynout asi 1 hodinu nebo do zdvojnásobení objemu.
f) Předehřejte troubu na 400 °F (200 °C).
g) Těsto protlačíme a rozdělíme na dvě stejné části.
h) Odeberte jednu porci těsta a válením na lehce pomoučené ploše z něj vytvarujte dlouhý kulatý bochník. Opakujte s druhou částí těsta.
i) Vytvarované bochníčky pokládejte na plech vyložený pečicím papírem a nechte mezi nimi mezeru.
j) Bochníky přikryjte čistou kuchyňskou utěrkou a nechte je kynout dalších 30–45 minut, dokud nezdvojnásobí svůj objem.
k) Navrch posypte hrubým cukrem nebo sezamovými semínky pro větší chuť a ozdobu.
l) Bochníky pečte v předehřáté troubě asi 20–25 minut, nebo dokud nebudou zlatavě hnědé a po poklepání na dno budou duté.
m) Vyjměte bochníky z trouby a před krájením je nechte vychladnout na mřížce.

ŠPANĚLSKÝ CHLÉB

16.Pan Con Tomate

SLOŽENÍ:
- 1 stroužek česneku (rozmačkaný)
- 1 lžíce soli
- 4 středně velká rajčata (nastrouhaná pro odstranění slupky a semínek)
- 1 lžíce olivového oleje
- 1 bochník nakrájeného chleba (nekvašený nebo celozrnný)

INSTRUKCE:
a) Plátky chleba opečte při 250 F̊, dokud není každý plátek z obou stran hnědý.
b) Do misky nalijte olivový olej. Přidejte sůl do mísy. Dobře promíchejte.
c) Na toastový chléb potřeme rozmačkanou česnekovou šťávou.
d) Na chléb rozetřeme směs strouhaných rajčat.
e) Směs oleje a soli natřeme také na chleba.
f) Ihned podávejte

17. Pan Rustico

SLOŽENÍ:
- 2 ¾ šálků vody
- 5 čajových lžiček aktivního sušeného droždí
- 7 hrnků chlebové mouky
- 1 lžíce soli
- ¼ šálku olivového oleje, nejlépe extra panenského
- Kukuřičná mouka na posypání plechu na pečení

INSTRUKCE:
a) V malé misce nebo odměrce přisypte droždí do mírně teplé (95 stupňů) vody. Lehce promíchejte. Nechte 10 minut sedět.

b) Odměřte mouku a vložte ji do mísy kuchyňského mixéru s připojeným hákem na těsto. Pokud vyrábíte ručně, vložte mouku do velké mísy.

c) Zapněte mixér, do mouky přidejte sůl a nechte promíchat. Za chodu mixéru pomalu přikapávejte olivový olej do mouky. Pokud vyrábíte ručně, použijte šlehač.

d) Pomalu přidávejte směs droždí a vody. Nechte těsto hníst na stroji 4 minuty.

e) Pokud vyrábíte ručně, smíchejte mouku se směsí droždí a vody pomocí dřevěné vařečky, poté těsto vyklopte na pomoučněnou plochu a hněťte 5 minut.

f) Po uhnětení byste měli mít hladké, pružné těsto, které při stlačení prstem lehce odskočí. Během procesu hnětení kontrolujte strukturu těsta. Pokud se těsto lepí, přidejte až ½ šálku další mouky.

g) Těsto v míse přikryjte voskovaným papírem nastříkaným sprejem na vaření a poté kuchyňskou utěrkou. Nechte kynout 1 hodinu nebo do zdvojnásobení.

h) Vykynuté těsto ručně hněteme na pomoučené ploše asi minutu, aby se odstranil vzduch. Z těsta vytvořte 2 stejně velké kuličky a položte na 15palcový plech, který byl hojně posypaný kukuřičnou moukou.

i) Bochníky opět přikryjte voskovaným papírem a kuchyňskou utěrkou a nechte kynout podruhé 20-25 minut nebo do zdvojnásobení. Mezitím si předehřejte troubu na 425 stupňů.

j) Chleby pečte 23–25 minut nebo do zhnědnutí. Pečte o 5 minut déle, aby byla kůrka křupavější.

18. Pan De Payés

SLOŽENÍ:
- 4 hrnky chlebové mouky
- 1 ½ lžičky soli
- 2 čajové lžičky aktivního suchého droždí
- 2 šálky teplé vody

INSTRUKCE:
a) Ve velké míse smíchejte chlebovou mouku a sůl.
b) V samostatné malé misce rozpusťte droždí v teplé vodě a nechte několik minut odležet, dokud nezpění.
c) Kváskovou směs vlijte do moučné směsi a míchejte, dokud nevznikne chlupaté těsto.
d) Těsto přendejte na lehce pomoučněnou plochu a hněťte asi 10 minut, nebo dokud těsto nebude hladké a pružné.
e) Těsto vložte zpět do mísy, přikryjte čistou kuchyňskou utěrkou nebo plastovou fólií a nechte na teplém místě kynout asi 1–2 hodiny, nebo dokud nezdvojnásobí svůj objem.
f) Jakmile těsto vykyne, jemně ho promáčkněte, aby se uvolnily vzduchové bubliny. Z těsta vytvarujte kulatý nebo oválný bochník.
g) Vytvarované těsto dejte na plech vyložený pečicím papírem nebo vymazaný pekáč. Přikryjte ho kuchyňskou utěrkou a nechte znovu kynout asi 1 hodinu, nebo dokud trochu nezvětší.
h) Předehřejte troubu na 450 °F (230 °C).
i) Těsně před pečením vrch těsta lehce poprášíme moukou a ostrým nožem uděláme na povrchu pár rýh.
j) Chleba pečte v předehřáté troubě asi 25–30 minut, nebo dokud není kůrka zlatavě hnědá a chléb zní dutě, když poklepete na dno.
k) Vyjměte chléb z trouby a před krájením a podáváním jej nechte vychladnout na mřížce.

19. Pan Gallego

SLOŽENÍ:
PRO STAVBU LEVAIN
- 3½ lžičky zralého předkrmu
- 3½ lžičky chlebové mouky
- 1¾ lžičky celozrnné mouky
- 1¾ lžičky celé žitné mouky
- 6 lžic + 2 lžičky vlažné vody (100 stupňů F)

KONEČNÉ TĚSTO
- 3¼ hrnku chlebové mouky
- 4½ lžíce celé žitné mouky
- 1¾ šálku vody, pokojová teplota
- 7 lžic + 1 lžička levainu
- 2 lžičky soli

INSTRUKCE:
ABY SE LEVAIN STAVIL
a)   Smíchejte ingredience na levinu ve střední misce. Promíchejte, zakryjte plastovým obalem a nechte čtyři hodiny odpočívat při pokojové teplotě.
b)   Použijte okamžitě nebo umístěte levinu do chladničky po dobu až 12 hodin, abyste ji mohli použít další den.

ABY SE PŘIPRAVIL FINÁLNÍ TĚSTO
c)   Smíchejte mouku a 325 gramů vody. Přidejte dalších 50 gramů vody a promíchejte, přikryjte a nechte 45 minut odpočívat.
d)   Přidejte levinu a dalších 25 gramů vody a míchejte, aby se spojily. Přikryjeme a necháme 1 hodinu uležet.
e)   Přidejte sůl a 25 gramů vody do těsta a prsty sevřete a vymačkejte sůl do těsta, aby se rozpustila.
f)   Jakmile se sůl rozpustí, těsto několikrát protáhněte a přeložte. Přikryjte a nechte 30 minut odpočívat.
g)   Těsto znovu protáhněte a přeložte. Přikryjeme a necháme kynout čtyři hodiny.
h)   Z těsta vytvarujte kouli a nechte 15 minut kynout. Utáhněte bochník a vložte jej do ručníku vyloženého banneru, stranou se švem nahoru a přikryjte naolejovaným plastovým obalem.

i) Nechte bochník kynout při pokojové teplotě po dobu 2 až 3 hodin.
j) Přesuňte bochník do chladničky a nechte kynout dalších 8 až 10 hodin.
k) Vyjměte bochník z chladničky.
l) Nechte bochník ohřát na pokojovou teplotu, asi 2 hodiny.
m) Zahřejte troubu na 475 stupňů F s holandskou troubou na středním roštu.
n) Těsto vyklopte na kus pečícího papíru švem dolů. Uchopte horní část těsta rukou a vytáhněte jej nahoru, jak jen to půjde. Otočte ho a vytvořte z něj uzel. Necháme usadit zpět na vrch těsta.
o) Ostrým nožem jemně vyřízněte do těsta čtyři rovnoměrně rozmístěné kolmé zářezy, aby mělo prostor k roztažení.
p) Zvedněte těsto s pečícím papírem do předehřáté holandské trouby, přikryjte a vložte bochník do trouby. Pečte 15 minut. Snižte troubu na 425 stupňů F.
q) Odstraňte kryt a dopečte dalších 15 až 20 minut, dokud chléb nedosáhne vnitřní teploty 205 stupňů F.
r) Zcela vychladněte na mřížce.

20.Pan kubánský o

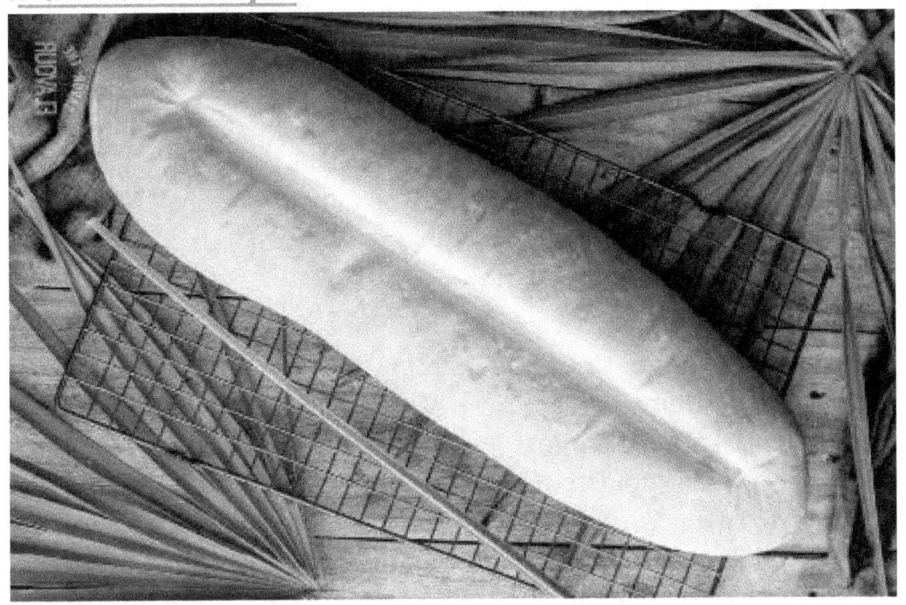

SLOŽENÍ:
- 3 balíčky aktivního sušeného droždí kukuřičná mouka
- 4 lžičky hnědého cukru
- 2 šálky vody
- ¾ šálku horké vody
- 5-6 šálků chlebové mouky, rozdělené
- 1 lžíce soli

INSTRUKCE:
a) Získejte mixovací nádobu: Vmíchejte do ní droždí, hnědý cukr a teplou vodu. Necháme 11 min.
b) Přidejte sůl se 3 až 4 šálky mouky. Kombinujte je, dokud nezískáte měkké těsto.
c) Těsto položte na pomoučený povrch. Hněteme 9 až 11 minut.
d) Vymažte misku a vložte do ní těsto. Zakryjte jej plastovým obalem. Necháme 46 minut odpočívat 1 hodinu.
e) Jakmile vyprší čas, těsto hněteme 2 minuty. Vytvarujte z něj 2 bochníky chleba.
f) Na pekáč nasypte trochu kukuřičné mouky. Vložte do ní bochníky chleba a přikryjte je kuchyňskou utěrkou.
g) Nechte je sedět 11 minut. Použijte řezačku na pizzu k noži a vytvořte dvě řezy na horní části každého bochníku chleba.
h) Než něco uděláte, předehřejte troubu na 400 F.
i) Vložte pekáček do trouby. Nechte je vařit 32 až 36 minut, dokud nezískají zlatohnědou barvu.
j) Nechte chlebové bochníky úplně vychladnout. Podávejte je s čímkoli si přejete.
k) Užívat si.

21.Pan De Alfacar

SLOŽENÍ:
- 4 hrnky univerzální mouky
- ½ šálku krystalového cukru
- 2 lžíce čerstvého droždí
- 1 šálek teplé vody
- ½ šálku olivového oleje
- 1 lžička soli
- Kůra z 1 citronu
- Moučkový cukr, na posypání

INSTRUKCE:

a) V malé misce rozpusťte droždí v teplé vodě a nechte asi 5 minut uležet, dokud nezpění.

b) Ve velké míse smíchejte mouku, cukr, sůl a citronovou kůru. Uprostřed udělejte důlek a nalijte do něj kvasnicovou směs a olivový olej.

c) Smíchejte ingredience dohromady, dokud nevznikne těsto. K hnětení těsta můžete použít vařečku nebo ruce. Pokud se vám těsto zdá příliš suché, přidejte po lžících trochu teplejší vody, dokud se nespojí.

d) Těsto přeneste na čistou, lehce pomoučenou plochu a hněťte asi 10 minut, dokud nebude hladké a pružné.

e) Těsto dejte do vymaštěné mísy a přikryjte čistou kuchyňskou utěrkou nebo plastovou fólií. Těsto necháme na teplém místě kynout asi 1 až 2 hodiny, dokud nezdvojnásobí svůj objem.

f) Předehřejte troubu na 180 °C (350 °F). Plech vymažeme tukem nebo vyložíme pečícím papírem.

g) Jakmile těsto vykyne, promáčkněte ho, aby se uvolnily vzduchové bubliny. Těsto přendejte na připravený plech a vytvarujte z něj kulatý bochník.

h) Bochník přikryjeme kuchyňskou utěrkou a necháme ještě 30 minut kynout.

i) Pan de Alfacar pečte v předehřáté troubě asi 30 až 35 minut, nebo dokud nezezlátne a při poklepání na dno nezní dutě.

j) Vyndejte chléb z trouby a nechte vychladnout na mřížce.

k) Jakmile Pan de Alfacar vychladne, před podáváním jej bohatě poprašte moučkovým cukrem.

22.Pan Cateto

SLOŽENÍ:
- 4 hrnky celozrnné mouky
- 2 lžičky soli
- 1 ¼ šálku vody
- 1 lžíce čerstvého droždí

INSTRUKCE:
a) Ve velké míse smíchejte celozrnnou mouku a sůl.
b) V samostatné malé misce rozpusťte droždí v teplé vodě a nechte asi 5 minut uležet, dokud nezpění.
c) Uprostřed moučné směsi udělejte důlek a nalijte do něj droždí.
d) Smíchejte ingredience dohromady, dokud nevznikne husté těsto.
e) Těsto přeneste na čistou, lehce pomoučenou plochu a hněťte asi 10 minut, dokud nebude hladké a pružné. Pokud je těsto příliš lepivé, možná budete muset přidat více mouky.
f) Těsto dejte do vymaštěné mísy a přikryjte čistou kuchyňskou utěrkou nebo plastovou fólií. Těsto necháme na teplém místě kynout asi 1 až 2 hodiny, dokud nezdvojnásobí svůj objem.
g) Předehřejte troubu na 220 °C (425 °F). Pokud máte pečicí kámen nebo plech, vložte jej do trouby, aby se také předehřál.
h) Jakmile těsto vykyne, promáčkněte ho, aby se uvolnily vzduchové bubliny. Z těsta vytvarujeme kulatý nebo oválný bochník a dáme na plech vyložený pečicím papírem nebo na předehřátý pečicí kámen.
i) Nařízněte vršek těsta ostrým nožem, abyste vytvořili ozdobné vzory nebo pomohli chlebu expandovat při pečení.
j) Pánev cateto pečte v předehřáté troubě asi 30 až 40 minut, nebo dokud nevytvoří zlatohnědou kůrku a při poklepání na dno zní dutě.
k) Vyjměte chléb z trouby a před krájením a podáváním jej nechte vychladnout na mřížce.

23. Pan De Cruz

SLOŽENÍ:
- 4 hrnky chlebové mouky
- 2 lžičky soli
- 2 lžičky krystalového cukru
- 2 ¼ lžičky aktivního sušeného droždí
- 1 ⅓ šálku teplé vody
- Olivový olej, na mazání
- Volitelně: sezamová semínka nebo hrubá sůl na posypání

INSTRUKCE:
a) V malé misce rozpusťte cukr a droždí v teplé vodě. Necháme asi 5 minut odležet, dokud nezpění.

b) Ve velké míse smíchejte chlebovou mouku a sůl. Uprostřed udělejte důlek a nalijte do něj kvasnicovou směs.

c) Smíchejte ingredience dohromady, dokud nevznikne těsto. Těsto přeneste na čistou, lehce pomoučenou plochu a hněťte asi 10 minut, dokud nebude hladké a pružné. V případě potřeby přidejte více mouky, abyste zabránili slepení.

d) Těsto dejte do vymaštěné mísy a přikryjte čistou kuchyňskou utěrkou nebo plastovou fólií. Těsto necháme na teplém místě kynout asi 1 až 2 hodiny, dokud nezdvojnásobí svůj objem.

e) Předehřejte troubu na 220 °C (425 °F). Pokud máte pečicí kámen nebo plech, vložte jej do trouby, aby se také předehřál.

f) Jakmile těsto vykyne, promáčkněte ho, aby se uvolnily vzduchové bubliny. Těsto přendejte na lehce pomoučněnou plochu a vytvarujte z něj kulatý nebo oválný bochník.

g) Ostrým nožem nebo škrabkou na těsto vytvořte na horní straně bochníku dvě hluboké, protínající se zářezy, abyste vytvořili tvar kříže.

h) Volitelné: Vršek bochníku posypte sezamovými semínky nebo hrubou solí, abyste přidali chuť a ozdobu.

i) Vytvarovaný bochník přendejte na předehřátý pečicí kámen nebo plech.

j) Pan de cruz pečte v předehřáté troubě asi 25 až 30 minut, nebo dokud nevytvoří zlatohnědou kůrku a při poklepání na dno zní dutě.

k) Vyjměte chléb z trouby a před krájením a podáváním jej nechte vychladnout na mřížce.

24. Pataqueta

SLOŽENÍ:
- 4 hrnky chlebové mouky
- 2 lžičky soli
- 2 lžičky krystalového cukru
- 2 ¼ lžičky aktivního sušeného droždí
- 1 ⅓ šálku teplé vody
- Olivový olej, na mazání
- Volitelně: sezamová semínka nebo hrubá sůl na posypání

INSTRUKCE:

a) V malé misce rozpusťte cukr a droždí v teplé vodě. Necháme asi 5 minut odležet, dokud nezpění.

b) Ve velké míse smíchejte chlebovou mouku a sůl. Uprostřed udělejte důlek a nalijte do něj kvasnicovou směs.

c) Smíchejte ingredience dohromady, dokud nevznikne těsto. Těsto přeneste na čistou, lehce pomoučenou plochu a hněťte asi 10 minut, dokud nebude hladké a pružné. V případě potřeby přidejte více mouky, abyste zabránili slepení.

d) Těsto dejte do vymaštěné mísy a přikryjte čistou kuchyňskou utěrkou nebo plastovou fólií. Těsto necháme na teplém místě kynout asi 1 až 2 hodiny, dokud nezdvojnásobí svůj objem.

e) Předehřejte troubu na 220 °C (425 °F). Pokud máte pečicí kámen nebo plech, vložte jej do trouby, aby se také předehřál.

f) Jakmile těsto vykyne, promáčkněte ho, aby se uvolnily vzduchové bubliny. Těsto rozdělte na menší porce, velké asi jako tenisák.

g) Každou část těsta vytvarujte do kulatého nebo oválného tvaru a položte je na plech vyložený pečicím papírem.

h) Volitelné: Potřete vršky pataquetas vodou a posypte sezamovými semínky nebo hrubou solí pro větší chuť a ozdobu.

i) Vytvarované rohlíčky necháme ještě 15 až 20 minut kynout.

j) Pataquetas pečte v předehřáté troubě asi 15 až 20 minut nebo dokud nezezlátnou.

k) Rohlíky vyjměte z trouby a před podáváním je nechte mírně vychladnout.

25. Telera

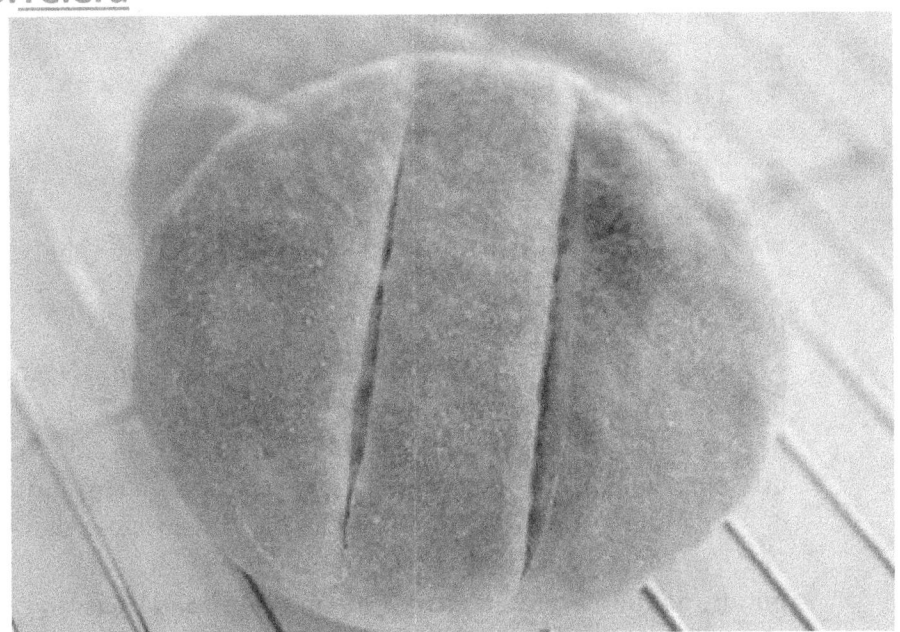

SLOŽENÍ:

- 4 hrnky chlebové mouky
- 2 lžičky soli
- 2 lžičky krystalového cukru
- 2 ¼ lžičky aktivního sušeného droždí
- 1 ⅓ šálku teplé vody
- 2 lžíce rostlinného oleje
- Volitelně: kukuřičná mouka nebo krupice na posypání

INSTRUKCE:

a) V malé misce rozpusťte cukr a droždí v teplé vodě. Necháme asi 5 minut odležet, dokud nezpění.

b) Ve velké míse smíchejte chlebovou mouku a sůl. Uprostřed udělejte důlek a nalijte do něj kvasnicovou směs a rostlinný olej.

c) Smíchejte ingredience dohromady, dokud nevznikne těsto. Těsto přeneste na čistou, lehce pomoučenou plochu a hněťte asi 10 minut, dokud nebude hladké a pružné. V případě potřeby přidejte více mouky, abyste zabránili slepení.

d) Těsto dejte do vymaštěné mísy a přikryjte čistou kuchyňskou utěrkou nebo plastovou fólií. Těsto necháme na teplém místě kynout asi 1 až 2 hodiny, dokud nezdvojnásobí svůj objem.

e) Předehřejte troubu na 220 °C (425 °F). Pokud máte pečicí kámen nebo plech, vložte jej do trouby, aby se také předehřál.

f) Jakmile těsto vykyne, promáčkněte ho, aby se uvolnily vzduchové bubliny. Těsto přendejte na lehce pomoučněnou plochu a vytvarujte z něj podlouhlý nebo oválný bochník.

g) Vytvarované těsto dejte na plech vyložený pečicím papírem. Je-li to žádoucí, nasypte na pergamen trochu kukuřičné mouky nebo krupice, abyste zabránili slepení a dodali kůrce rustikální texturu.

h) Vytvarované těsto přikryjeme čistou kuchyňskou utěrkou a necháme ještě 15 až 20 minut kynout.

i) Pečte chléb telera v předehřáté troubě asi 15 až 20 minut, nebo dokud nezezlátne a nezní dutě, když poklepete na dno.

j) Vyjměte chléb z trouby a před krájením a použitím na sendviče jej nechte vychladnout na mřížce.

26. Llonguet

SLOŽENÍ:
- 4 hrnky chlebové mouky
- 2 lžičky soli
- 2 lžičky krystalového cukru
- 2 ¼ lžičky aktivního sušeného droždí
- 1 ⅓ šálku teplé vody
- 2 lžíce olivového oleje
- Volitelně: sezamová semínka nebo hrubá sůl na polevu

INSTRUKCE:

a) V malé misce rozpusťte cukr a droždí v teplé vodě. Necháme asi 5 minut odležet, dokud nezpění.

b) Ve velké míse smíchejte chlebovou mouku a sůl. Uprostřed udělejte důlek a nalijte do něj kvasnicovou směs a olivový olej.

c) Smíchejte ingredience dohromady, dokud nevznikne těsto. Těsto přeneste na čistou, lehce pomoučenou plochu a hněťte asi 10 minut, dokud nebude hladké a pružné. V případě potřeby přidejte více mouky, abyste zabránili slepení.

d) Těsto dejte do vymaštěné mísy a přikryjte čistou kuchyňskou utěrkou nebo plastovou fólií. Těsto necháme na teplém místě kynout asi 1 až 2 hodiny, dokud nezdvojnásobí svůj objem.

e) Předehřejte troubu na 220 °C (425 °F). Pokud máte pečicí kámen nebo plech, vložte jej do trouby, aby se také předehřál.

f) Jakmile těsto vykyne, promáčkněte ho, aby se uvolnily vzduchové bubliny. Těsto přendáme na lehce pomoučněnou plochu a rozdělíme na menší porce o velikosti tenisového míčku.

g) Každou část těsta vytvarujte do podlouhlého nebo oválného tvaru připomínajícího malou bagetu. Vytvarované lůžka položte na plech vyložený pečicím papírem a nechte mezi nimi mezeru.

h) Volitelně: Potřete vršky llonguet vodou a posypte sezamovými semínky nebo hrubou solí pro větší chuť a ozdobu.

i) Vytvarované lupínky necháme ještě 15 až 20 minut kynout.

j) Llonguety pečte v předehřáté troubě asi 15 až 20 minut, nebo dokud nezezlátnou a nebudou mít lehce křupavou kůrku.

k) Vyjměte llonguety z trouby a nechte je vychladnout na mřížce, než je použijete na sendviče nebo si je vychutnáte samotné.

27. B oroňa

SLOŽENÍ:
- 4 hrnky chlebové mouky
- 2 lžičky soli
- 2 lžičky krystalového cukru
- 2 ¼ lžičky aktivního sušeného droždí
- 1 ⅓ šálku teplé vody
- 2 lžíce olivového oleje
- Kukuřičná nebo krupicová mouka na posypání

INSTRUKCE:

a) V malé misce rozpusťte cukr a droždí v teplé vodě. Necháme asi 5 minut odležet, dokud nezpění.

b) Ve velké míse smíchejte chlebovou mouku a sůl. Uprostřed udělejte důlek a nalijte do něj kvasnicovou směs a olivový olej.

c) Smíchejte ingredience dohromady, dokud nevznikne těsto. Těsto přeneste na čistou, lehce pomoučenou plochu a hněťte asi 10 minut, dokud nebude hladké a pružné. V případě potřeby přidejte více mouky, abyste zabránili slepení.

d) Těsto dejte do vymaštěné mísy a přikryjte čistou kuchyňskou utěrkou nebo plastovou fólií. Těsto necháme na teplém místě kynout asi 1 až 2 hodiny, dokud nezdvojnásobí svůj objem.

e) Předehřejte troubu na 220 °C (425 °F). Pokud máte pečicí kámen nebo plech, vložte jej do trouby, aby se také předehřál.

f) Jakmile těsto vykyne, promáčkněte ho, aby se uvolnily vzduchové bubliny. Těsto přendejte na lehce pomoučněnou plochu a vytvarujte z něj kulatý nebo oválný bochník.

g) Vytvarované těsto dejte na plech vyložený pečicím papírem. Vršek bochníku popráším kukuřičnou nebo krupicovou moukou.

h) Těsto přikryjte čistou kuchyňskou utěrkou a nechte dalších 15 až 20 minut kynout.

i) Ostrým nožem udělejte na vršku chleba zářezy nebo zářezy, abyste vytvořili ozdobný vzor.

j) Chléb boroňa pečte v předehřáté troubě asi 30 až 35 minut, nebo dokud nezezlátne a nebude mít pevnou kůrku.

k) Vyjměte chléb z trouby a před krájením a podáváním jej nechte vychladnout na mřížce.

28. Pistole

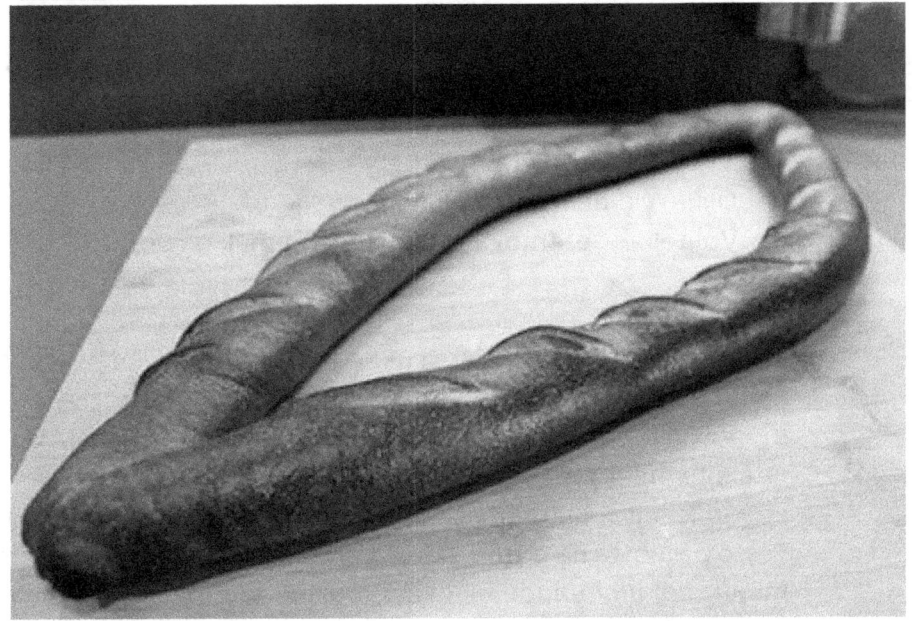

SLOŽENÍ:

- 4 hrnky chlebové mouky
- 2 lžičky soli
- 2 lžičky krystalového cukru
- 2 ¼ lžičky aktivního sušeného droždí
- 1 ⅓ šálku teplé vody
- Olivový olej, na mazání
- Volitelně: sezamová semínka nebo mák na polevu

INSTRUKCE:

a) V malé misce rozpusťte cukr a droždí v teplé vodě. Necháme asi 5 minut odležet, dokud nezpění.
b) Ve velké míse smíchejte chlebovou mouku a sůl. Uprostřed udělejte důlek a nalijte do něj kvasnicovou směs.
c) Smíchejte ingredience dohromady, dokud nevznikne těsto. Těsto přeneste na čistou, lehce pomoučenou plochu a hněťte asi 10 minut, dokud nebude hladké a pružné. V případě potřeby přidejte více mouky, abyste zabránili slepení.
d) Těsto dejte do vymaštěné mísy a přikryjte čistou kuchyňskou utěrkou nebo plastovou fólií. Těsto necháme na teplém místě kynout asi 1 až 2 hodiny, dokud nezdvojnásobí svůj objem.
e) Předehřejte troubu na 220 °C (425 °F). Pokud máte pečicí kámen nebo plech, vložte jej do trouby, aby se také předehřál.
f) Jakmile těsto vykyne, promáčkněte ho, aby se uvolnily vzduchové bubliny. Těsto přendáme na lehce pomoučněnou plochu a rozdělíme na menší porce, velké asi jako velký váleček.
g) Z každé části těsta vytvarujte podlouhlý váleček připomínající mini bagetu nebo tvar pistole. Vytvarované válečky pistole položte na plech vyložený pečicím papírem.
h) Volitelné: Potřete vršky válečků z pistole vodou a posypte sezamovými semínky nebo mákem pro větší chuť a ozdobu.
i) Vytvarované rohlíčky necháme ještě 15 až 20 minut kynout.
j) Pistolové závitky pečte v předehřáté troubě asi 15 až 20 minut, nebo dokud nezezlátnou a nebudou mít lehce křupavou kůrku.
k) Rohlíky vyjměte z trouby a před podáváním je nechte vychladnout na mřížce.

29. Regañao

SLOŽENÍ:
- 2 hrnky univerzální mouky
- 1 lžička soli
- 1 lžička papriky (volitelně, pro chuť)
- ½ šálku teplé vody
- 2 lžíce olivového oleje
- Hrubá sůl na posypání

POLEVA
- Plátky šunky Serrano (volitelné)

INSTRUKCE:
a) V míse smíchejte mouku, sůl a papriku (pokud používáte). Dobře promíchejte, aby se ingredience rovnoměrně rozložily.
b) Uprostřed suchých surovin udělejte důlek a zalijte teplou vodou a olivovým olejem.
c) Směs mícháme lžící nebo rukama, dokud se nespojí a vytvoří těsto.
d) Těsto přeneste na čistou, lehce pomoučenou plochu a hněťte asi 5 minut, dokud nebude hladké a pružné.
e) Těsto rozdělte na menší porce a přikryjte je čistou kuchyňskou utěrkou. Těsto necháme asi 15-20 minut odpočinout, aby se uvolnil lepek.
f) Předehřejte troubu na 200 °C (400 °F).
g) Vezměte jednu část těsta a vyválejte ho co nejtenčí, s cílem dosáhnout tloušťky asi 1-2 milimetry. K vyrovnání těsta můžete použít váleček nebo ruce.
h) Vyválené těsto přendejte na plech vyložený pečicím papírem. Opakujte proces se zbývajícími částmi těsta, umístěte je na samostatné plechy nebo ponechte dostatek prostoru mezi každým chlebem regañao.
i) Povrch těsta posypte hrubou solí a lehce ji přitlačte, aby se přilepilo.
j) Pečte regañao chléb v předehřáté troubě asi 8-10 minut, nebo dokud nezezlátne a nebude křupavý. Pozorně ho sledujte, protože může rychle zhnědnout.
k) Vyjměte plechy z trouby a nechte regañao chléb zcela vychladnout na mřížkách.
l) Po vychladnutí je chléb regañao připravený k vychutnání, doplněný šunkou.

30. Torta de Aranda

SLOŽENÍ:
- 4 hrnky chlebové mouky
- 300 mililitrů teplé vody
- 10 gramů soli
- 10 gramů čerstvého droždí (nebo 5 gramů aktivního sušeného droždí)
- Olivový olej na mazání

INSTRUKCE:
a) Ve velké míse smíchejte chlebovou mouku a sůl.
b) Čerstvé droždí rozpusťte v teplé vodě. Pokud používáte aktivní suché droždí, rozpusťte je v části teplé vody a nechejte je aktivovat asi 5-10 minut, než budete pokračovat.
c) Uprostřed moučné směsi udělejte důlek a nalijte do něj droždí. Postupně do tekutiny zapracujte mouku a míchejte vařečkou nebo rukama, dokud nevznikne hrubé těsto.
d) Těsto přeneste na lehce pomoučněnou plochu a hněťte asi 10–15 minut, nebo dokud nebude hladké a pružné. Pokud je těsto příliš lepivé, přidejte malé množství mouky.
e) Z těsta vytvarujte kulatou kouli a vložte ji zpět do mísy. Mísu přikryjte čistou kuchyňskou utěrkou a nechte těsto na teplém místě kynout asi 1-2 hodiny, nebo dokud nezdvojnásobí svůj objem.
f) Předehřejte troubu na 230 °C (450 °F).
g) Jakmile těsto vykyne, jemně ho promáčkněte, aby se uvolnily vzduchové bubliny. Vyklopte na vymazaný plech nebo pizzový kámen.
h) Rukama přitlačte a vyrovnejte těsto do tvaru disku o tloušťce asi 1-2 palce. Udělejte několik diagonálních řezů přes horní část těsta, abyste vytvořili vzor.
i) Povrch těsta potřeme olivovým olejem.
j) Plech nebo kámen na pizzu s těstem vložíme do předehřáté trouby. Pečte asi 20–25 minut, nebo dokud chléb nezezlátne a po poklepání na dno zní dutě.
k) Torta de Aranda vyjměte z trouby a před krájením a podáváním ji nechte vychladnout na mřížce.

31. Txantxigorri

SLOŽENÍ:
- 4 hrnky chlebové mouky
- 2 ¼ lžičky soli
- 1 lžíce čerstvého droždí
- 1 ⅓ šálku vlažné vody
- Kukuřičná mouka nebo krupice, na posypání

INSTRUKCE:
a) Ve velké míse smíchejte chlebovou mouku a sůl.
b) Čerstvé droždí rozpusťte ve vlažné vodě nebo v případě použití aktivního sušeného droždí aktivujte podle návodu na obalu.
c) Uprostřed moučné směsi udělejte důlek a nalijte do něj droždí. Dobře promíchejte, dokud se nezačne tvořit těsto.
d) Těsto přeneste na čistou, lehce pomoučněnou plochu a hněťte asi 10–15 minut, dokud nebude hladké a pružné. Případně můžete pro hnětení použít stojanový mixér s nástavcem na hnětací hák.
e) Těsto dejte do vymaštěné mísy a přikryjte čistou kuchyňskou utěrkou nebo plastovou fólií. Těsto necháme na teplém místě kynout asi 1 až 2 hodiny, dokud nezdvojnásobí svůj objem.
f) Předehřejte troubu na 220 °C (425 °F). Do trouby vložte pečicí kámen nebo plech, aby se také předehřály.
g) Jakmile těsto vykyne, promáčkněte ho, aby se uvolnily vzduchové bubliny. Z těsta vytvarujte kulatý bochník a dejte na plech posypaný maizenou nebo krupicí.
h) Ostrým nožem nebo žiletkou vytvořte na povrchu chleba ozdobné rýhy nebo značky, jako jsou diagonální čáry nebo šrafování. To dává Txantxigorri jeho charakteristický vzhled.
i) Chleba přendejte do předehřáté trouby a pečte asi 25–30 minut, nebo dokud kůrka nezezlátne a po poklepání na dno nezní dutě.
j) Vyjměte Txantxigorri z trouby a před krájením a podáváním jej nechte vychladnout na mřížce.

32. Pan De Semillas

SLOŽENÍ:
- 4 hrnky chlebové mouky
- 2 ¼ lžičky aktivního sušeného droždí
- 1 lžička cukru
- 1 lžička soli
- 1 ¼ šálku teplé vody
- 2 lžíce olivového oleje
- Různá semínka (jako jsou slunečnicová semínka, dýňová semínka, sezamová semínka, lněná semínka atd.) na polevu a zamíchání do těsta

INSTRUKCE:

a) V malé míse rozpusťte cukr v teplé vodě. Kvásek přisypeme k vodě a necháme asi 5 minut uležet, dokud nezpění.
b) Ve velké míse smíchejte chlebovou mouku a sůl. Uprostřed udělejte důlek a nalijte do něj kvasnicovou směs a olivový olej.
c) Smíchejte ingredience dohromady, dokud nevznikne těsto. Těsto přendejte na pomoučněnou plochu a hněťte asi 10 minut, dokud nebude hladké a pružné. V případě potřeby přidejte více mouky, abyste zabránili slepení.
d) Těsto dejte do vymazané mísy, přikryjte čistou kuchyňskou utěrkou a nechte na teplém místě kynout asi 1 až 2 hodiny, dokud nezdvojnásobí svůj objem.
e) Předehřejte troubu na 220 °C (425 °F).
f) Jakmile těsto vykyne, promáčkněte ho, aby se uvolnily vzduchové bubliny. Těsto přendejte na lehce pomoučněnou plochu a zapracujte do něj různá semínka, jako jsou slunečnicová, dýňová, sezamová nebo lněná. Přidejte hrst nebo více semínek a rovnoměrně je zapracujte do těsta.
g) Z těsta vytvarujte bochník nebo jej rozdělte na menší porce na jednotlivé rohlíčky.
h) Vytvarované těsto dejte na vymazaný nebo pečícím papírem vyložený plech. Přikryjte ho kuchyňskou utěrkou a nechte dalších 30 minut kynout.
i) Volitelné: Potřete vršek bochníku vodou a navrch nasypte další semena na ozdobu.
j) Chleba pečte v předehřáté troubě asi 30-35 minut, nebo dokud není kůrka zlatavě hnědá a chléb zní dutě, když poklepete na dno.
k) Vyjměte chléb z trouby a před krájením ho nechte vychladnout na mřížce.

33.Oreja

SLOŽENÍ:
- 1 plát listového těsta, rozmraženého (koupené v obchodě nebo domácí)
- Granulovaný cukr, na posypání

INSTRUKCE:
a) Předehřejte troubu na teplotu uvedenou na obalu listového těsta nebo přibližně 200 °C (400 °F).
b) Plát listového těsta rozválejte na lehce pomoučené ploše, aby se mírně zploštil.
c) Celý povrch plátu listového těsta bohatě posypeme krupicovým cukrem.
d) Začněte od jednoho okraje a pevně srolujte list listového těsta směrem ke středu. Opakujte s druhým okrajem a rolujte jej také směrem ke středu. Dvě role by se měly uprostřed setkat.
e) Ostrým nožem nakrájejte vyválené listové těsto příčně na tenké plátky, silné asi ½ palce.
f) Nakrájené listové těsto položte na plech vyložený pečicím papírem a mezi jednotlivými plátky ponechejte mezeru, protože se během pečení roztáhne.
g) Jemně zatlačte na každý plátek dlaní, aby se mírně zploštil.
h) Vršek každého plátku posypte trochou dalšího krystalového cukru.
i) Orejas pečte v předehřáté troubě asi 12-15 minut, nebo dokud nezezlátnou a nebudou křupavé.
j) Orejas vyjmeme z trouby a necháme vychladnout na mřížce.

ŘECKÝ CHLÉB

34. Lagana

SLOŽENÍ:
- 4 hrnky univerzální mouky
- 1 lžíce aktivního suchého droždí
- 1 lžička cukru
- 1 lžička soli
- 2 lžíce olivového oleje
- 1 ½ šálku vlažné vody
- Sezamová semínka na posypání

INSTRUKCE:
a) V malé misce rozpustíme cukr ve vlažné vodě. Kvásek rozdrobíme do vody a necháme asi 5 minut uležet, nebo dokud nezpění.
b) Ve velké míse smíchejte mouku a sůl. Uprostřed udělejte důlek a nalijte do něj olivový olej a směs droždí. Míchejte vařečkou nebo rukama, dokud se těsto nezačne spojovat.
c) Těsto přendejte na pomoučněnou plochu a hněťte asi 5–7 minut, nebo dokud těsto nebude hladké a pružné.
d) Těsto dejte do vymazané mísy, přikryjte čistou kuchyňskou utěrkou a nechte na teplém místě kynout asi 1 hodinu, nebo dokud nezdvojnásobí svůj objem.
e) Předehřejte troubu na 425 °F (220 °C). Plech vyložte pečícím papírem.
f) Vykynuté těsto protlačíme a přeneseme na pomoučněnou plochu. Těsto rozdělte na dvě stejné části.
g) Každou část těsta rozválejte do obdélníkového tvaru o tloušťce asi ¼ palce. Vyválené těsto přendáme na připravený plech.
h) Vršek každé placky lehce potřete vodou a povrch posypte sezamovými semínky.
i) Pomocí prstů vytvořte v těstě prohlubně a vytvořte vzor čar nebo teček.
j) Placky z lagany pečte v předehřáté troubě asi 20–25 minut, nebo dokud nebudou zlatavě hnědé a křupavé.
k) Vyjměte z trouby a před krájením a podáváním nechte vychladnout na mřížce.

35. Horiatiko Psomi

SLOŽENÍ:
- 5 hrnků chlebové mouky
- 2 čajové lžičky aktivního suchého droždí
- 2 lžičky soli
- 2 ½ hrnku vlažné vody
- 2 lžíce olivového oleje

INSTRUKCE:
a) V malé misce rozpusťte droždí ve vlažné vodě. Nechte uležet asi 5 minut nebo do zpěnění.
b) Ve velké míse smíchejte chlebovou mouku a sůl. Uprostřed udělejte důlek a nalijte do něj kvasnicovou směs a olivový olej. Míchejte vařečkou nebo rukama, dokud se těsto nezačne spojovat.
c) Těsto přendejte na pomoučněnou plochu a hněťte asi 10–15 minut, nebo dokud těsto nebude hladké a pružné.
d) Těsto dejte do vymazané mísy, přikryjte čistou kuchyňskou utěrkou a nechte na teplém místě kynout asi 1–2 hodiny, nebo dokud nezdvojnásobí svůj objem.
e) Jakmile těsto vykyne, protlačte ho a vytvarujte z něj kulatý nebo oválný bochník.
f) Předehřejte troubu na 450 °F (230 °C). Do trouby vložte pečicí kámen nebo obrácený plech, aby se také předehřály.
g) Vytvarované těsto přendejte na plech vyložený pečicím papírem nebo pečící slupkou vysypanou moukou.
h) Ostrým nožem udělejte na povrchu těsta šikmé řezy. To pomůže chlebu expandovat a vytvořit rustikální kůrku.
i) Plech s těstem vložíme do trouby na předehřátý pečicí kámen nebo obrácený plech.
j) Pečte asi 30–35 minut, nebo dokud chléb nezezlátne a po poklepání na dno zní dutě.
k) Vyjměte chléb z trouby a před krájením a podáváním jej nechte vychladnout na mřížce.
l) Řecký vesnický chléb (Horiatiko Psomi) je ideální pro vychutnávání s řeckým mezes, polévkami, dušeným masem nebo jednoduše namočený v olivovém oleji. Je to lahodný a uspokojující chléb s rustikálním kouzlem. Užívat si!

36. Ládeni

SLOŽENÍ:
- 4 hrnky univerzální mouky
- 2 čajové lžičky aktivního suchého droždí
- 1 lžička cukru
- 1 lžička soli
- 2 lžíce olivového oleje
- 1 ½ šálku vlažné vody
- 4 střední rajčata, nakrájená na plátky
- 1 střední červená cibule, nakrájená na tenké plátky
- 1 šálek oliv Kalamata, vypeckovaných a rozpůlených
- 2 lžíce čerstvého oregana, nakrájeného
- Sůl a pepř na dochucení
- Extra olivový olej na pokapání

INSTRUKCE:

a) V malé misce rozpustíme cukr ve vlažné vodě. Kvásek rozdrobíme do vody a necháme asi 5 minut uležet, nebo dokud nezpění.

b) Ve velké míse smíchejte mouku a sůl. Uprostřed udělejte důlek a nalijte do něj olivový olej a směs droždí. Míchejte vařečkou nebo rukama, dokud se těsto nezačne spojovat.

c) Těsto přendejte na pomoučněnou plochu a hněťte asi 5–7 minut, nebo dokud těsto nebude hladké a pružné.

d) Těsto dejte do vymazané mísy, přikryjte čistou kuchyňskou utěrkou a nechte na teplém místě kynout asi 1 hodinu, nebo dokud nezdvojnásobí svůj objem.

e) Předehřejte troubu na 425 °F (220 °C). Plech vyložte pečícím papírem.

f) Vykynuté těsto protlačíme a přeneseme na připravený plech. Rukama těsto přitlačte a roztáhněte do tvaru obdélníku nebo oválu o tloušťce asi ½ palce.

g) Na těsto položte nakrájená rajčata, červenou cibuli a olivy Kalamata. Posypeme čerstvým nebo sušeným oreganem, solí a pepřem.

h) Polevy pokapejte trochou olivového oleje.

i) Pečte v předehřáté troubě asi 20–25 minut, nebo dokud není chléb dozlatova hnědý a propečený.

j) Vyjměte z trouby a před krájením a podáváním nechte vychladnout na mřížce.

37. Psomi Pita

SLOŽENÍ:
- 3 hrnky univerzální mouky
- 1 lžička aktivního suchého droždí
- 1 lžička cukru
- 1 lžička soli
- 2 lžíce olivového oleje
- 1 šálek vlažné vody

INSTRUKCE:
a) V malé misce rozpustíme cukr ve vlažné vodě. Kvásek rozdrobíme do vody a necháme asi 5 minut uležet, nebo dokud nezpění.
b) Ve velké míse smíchejte mouku a sůl. Uprostřed udělejte důlek a nalijte do něj olivový olej a směs droždí. Míchejte vařečkou nebo rukama, dokud se těsto nezačne spojovat.
c) Těsto přendejte na pomoučněnou plochu a hněťte asi 5–7 minut, nebo dokud těsto nebude hladké a pružné. V případě potřeby přidejte více mouky, aby se nelepilo, ale nepřidávejte příliš mnoho mouky, aby těsto zůstalo měkké.
d) Těsto dejte do vymazané mísy, přikryjte čistou kuchyňskou utěrkou a nechte na teplém místě kynout asi 1–2 hodiny, nebo dokud nezdvojnásobí svůj objem.
e) Jakmile těsto vykyne, protlačíme ho a přeneseme na pomoučněnou plochu. Těsto rozdělte na 8 stejných dílů.
f) Každou porci vyválíme do koule a rukama ji zploštíme. Pomocí válečku vyválejte každou část do kruhu o tloušťce asi ¼ palce.
g) Zahřejte nepřilnavou pánev nebo gril na středně vysokou teplotu. Na rozpálenou pánev položte jeden vyválený pita chléb a opékejte asi 1-2 minuty z každé strany, nebo dokud se nenafoukne a nevytvoří se na něm zlatavě hnědé skvrny.
h) Uvařený pita chléb vyjměte z pánve a zabalte ho do čisté kuchyňské utěrky, aby zůstal měkký a pružný. Postup opakujte se zbývajícími částmi těsta.
i) Řecký chléb pita podávejte teplý nebo při pokojové teplotě. Dají se z něj dělat chlebíčky, zábaly, nebo natrhat na kousky a namáčet do omáček či pomazánek.

38.Psomi Spitiko

SLOŽENÍ:
- 4 hrnky univerzální mouky
- 2 čajové lžičky aktivního suchého droždí
- 1 lžička cukru
- 1 lžička soli
- 2 lžíce olivového oleje
- 1 ½ šálku vlažné vody

INSTRUKCE:

a) V malé misce rozpustíme cukr ve vlažné vodě. Kvásek rozdrobíme do vody a necháme asi 5 minut uležet, nebo dokud nezpění.

b) Ve velké míse smíchejte mouku a sůl. Uprostřed udělejte důlek a nalijte do něj olivový olej a směs droždí.

c) Míchejte vařečkou nebo rukama, dokud se těsto nezačne spojovat.

d) Těsto přendejte na pomoučněnou plochu a hněťte asi 5–7 minut, nebo dokud těsto nebude hladké a pružné.

e) Těsto dejte do vymazané mísy, přikryjte čistou kuchyňskou utěrkou a nechte na teplém místě kynout asi 1–2 hodiny, nebo dokud nezdvojnásobí svůj objem.

f) Jakmile těsto vykyne, protlačíme ho a přeneseme na pomoučněnou plochu. Vytvarujte z něj kulatý bochník.

g) Předehřejte troubu na 425 °F (220 °C). Do trouby vložte pečicí kámen nebo obrácený plech, aby se také předehřály.

h) Vytvarované těsto přendejte na předehřátý pečicí kámen nebo obrácený plech v troubě.

i) Pečte asi 30–35 minut, nebo dokud chléb nezezlátne a po poklepání na dno zní dutě.

j) Vyjměte chléb z trouby a před krájením a podáváním jej nechte vychladnout na mřížce.

39. Koulouri Thessalonikis

SLOŽENÍ:
- 4 hrnky univerzální mouky
- 2 čajové lžičky aktivního suchého droždí
- 1 lžička cukru
- 1 lžička soli
- 2 lžíce olivového oleje
- 1 ½ šálku vlažné vody
- ½ šálku sezamových semínek
- ¼ šálku teplé vody (pro pastu ze sezamových semínek)
- 2 lžíce olivového oleje (na pastu ze sezamových semínek)
- ½ lžičky soli (pro pastu ze sezamových semínek)

INSTRUKCE:

a) V malé misce rozpustíme cukr ve vlažné vodě. Kvásek rozdrobíme do vody a necháme asi 5 minut uležet, nebo dokud nezpění.
b) Ve velké míse smíchejte mouku a sůl. Uprostřed udělejte důlek a nalijte do něj olivový olej a směs droždí. Míchejte vařečkou nebo rukama, dokud se těsto nezačne spojovat.
c) Těsto přendejte na pomoučněnou plochu a hněťte asi 5–7 minut, nebo dokud těsto nebude hladké a pružné.
d) Těsto dejte do vymazané mísy, přikryjte čistou kuchyňskou utěrkou a nechte na teplém místě kynout asi 1–2 hodiny, nebo dokud nezdvojnásobí svůj objem.
e) Jakmile těsto vykyne, protlačíme ho a přeneseme na pomoučněnou plochu. Těsto rozdělte na menší části a každou část vyválejte do tvaru dlouhého provazce, dlouhého asi 12 palců.
f) Každý provazec těsta vytvarujte do prstence, překryjte konce a sevřete je k sobě, aby se utěsnily.
g) Předehřejte troubu na 400 °F (200 °C). Plech vyložte pečícím papírem.
h) V malé misce smíchejte sezamová semínka, teplou vodu, olivový olej a sůl, abyste vytvořili pastu.
i) Každý kroužek chleba namočte do pasty ze sezamových semínek a ujistěte se, že je ze všech stran dobře potažený. Sezamová semínka jemně přitlačte na těsto, aby přilnuly.
j) Potažená kolečka chleba položte na připravený plech a ponechte mezi nimi prostor pro expanzi.
k) Pečte v předehřáté troubě asi 20–25 minut, nebo dokud chlebové kroužky nezezlátnou.
l) Vyjměte z trouby a před podáváním nechte Koulouri Thessalonikis vychladnout na mřížce.

40. Artos

SLOŽENÍ:
- 4 hrnky univerzální mouky
- 1 ½ lžičky aktivního sušeného droždí
- 1 ½ šálku teplé vody
- 1 lžíce cukru
- 1 lžička soli
- Volitelně: sezamová semínka nebo jiné polevy na ozdobu

INSTRUKCE:
a) V malé misce rozpusťte droždí a cukr v teplé vodě. Necháme asi 5 minut odležet, nebo dokud nezpění.
b) Ve velké míse smíchejte mouku a sůl. Uprostřed udělejte důlek a nalijte do něj kvasnicovou směs.
c) Postupně zapracujte mouku do tekutiny a míchejte vařečkou nebo rukama, dokud nevznikne měkké těsto.
d) Těsto přeneste na pomoučněnou plochu a hněťte asi 8–10 minut, nebo dokud nebude hladké a pružné.
e) Těsto dejte do vymazané mísy, přikryjte čistou utěrkou a nechte na teplém místě kynout asi 1-2 hodiny, nebo dokud nezdvojnásobí svůj objem.
f) Jakmile těsto vykyne, jemně jej promáčkněte, aby se uvolnily vzduchové bubliny. Vytvarujte z něj kulatý nebo oválný bochník.
g) Vytvarovaný bochník přendejte na plech nebo pečicí kámen. Na přání můžete povrch chleba ozdobit sezamovými semínky nebo jinými polevami.
h) Předehřejte troubu na 375 °F (190 °C). Zatímco se trouba předehřívá, nechte chléb odpočinout a znovu kynout asi 15-20 minut.
i) Chleba pečte v předehřáté troubě asi 30–35 minut, nebo dokud nezezlátne a po poklepání na dno nezní dutě.
j) Po upečení vyjměte artos z trouby a nechte vychladnout na mřížce.

41.Zea

SLOŽENÍ:
- 2 hrnky univerzální mouky
- 1 hrnek celozrnné mouky
- 2 čajové lžičky aktivního suchého droždí
- 1 lžička soli
- 1 ¼ šálku teplé vody
- 2 lžíce olivového oleje
- Volitelné: Sezamová semínka nebo jiné polevy na posypání

INSTRUKCE:
a) V malé misce rozpusťte droždí ve ¼ šálku teplé vody. Necháme asi 5 minut odležet, nebo dokud nezpění.
b) Ve velké míse smíchejte univerzální mouku, celozrnnou mouku a sůl.
c) Uprostřed suchých ingrediencí udělejte důlek a nalijte do něj kvasnicovou směs, zbývající teplou vodu a olivový olej.
d) Ingredience míchejte, dokud nevznikne chlupaté těsto.
e) Těsto přendejte na pomoučněnou plochu a hněťte asi 8–10 minut, nebo dokud těsto nebude hladké a pružné. V případě potřeby přidejte ještě trochu mouky, aby se nelepilo.
f) Těsto dejte do vymazané mísy, přikryjte čistou utěrkou a nechte na teplém místě kynout asi 1-2 hodiny, nebo dokud nezdvojnásobí svůj objem.
g) Předehřejte troubu na 425 °F (220 °C). Plech vyložte pečícím papírem.
h) Jakmile těsto vykyne, jemně ho promáčkněte, aby se uvolnily vzduchové bubliny. Těsto rozdělte na stejné části a z každé vytvarujte dlouhé tenké tyčinky.
i) Tyčinky položte na připravený plech, ponechte mezi nimi mezeru. Případně navrch posypte sezamová semínka nebo jiné požadované polevy.
j) Nechte tyčinky odpočinout a kynout dalších 15-20 minut.
k) Tyčinky pečte v předehřáté troubě asi 15–20 minut, nebo dokud nebudou zvenku zlatavě hnědé a křupavé.
l) Po upečení vyjměte chléb Zea z trouby a nechte jej vychladnout na mřížce.

42. Paximathia

SLOŽENÍ:
- 4 hrnky univerzální mouky
- 1 šálek krystalového cukru
- 1 lžička prášku do pečiva
- ½ lžičky jedlé sody
- ½ lžičky soli
- ½ lžičky mleté skořice
- 1 šálek olivového oleje
- ½ šálku pomerančové šťávy
- Kůra z 1 pomeranče
- ¼ šálku brandy nebo ouzo (volitelné)
- sezamová semínka (na posypání)

INSTRUKCE:
a) Předehřejte troubu na 350 °F (175 °C) a vyložte plech pečicím papírem.
b) Ve velké míse prošlehejte mouku, cukr, prášek do pečiva, jedlou sodu, sůl a mletou skořici, dokud se dobře nespojí.
c) V samostatné misce prošlehejte olivový olej, pomerančový džus, pomerančovou kůru a brandy nebo ouzo (pokud používáte).
d) Mokré ingredience za stálého míchání vařečkou nebo rukama postupně vlévejte do suchých. Míchejte, dokud nevznikne těsto. Pokud se vám těsto zdá příliš suché, můžete přidat ještě trochu pomerančové šťávy, po lžících.
e) Těsto přeneste na pomoučněnou plochu a několik minut hněťte, dokud nebude hladké a dobře spojené.
f) Těsto rozdělte na menší porce. Odebírejte jednu porci a vyválejte ji do obdélníkového nebo oválného tvaru o tloušťce asi ¼ palce.
g) Pomocí nože nebo vykrajovátka nakrájejte vyválené těsto na menší kousky nebo proužky, asi 2-3 palce dlouhé a 1 palec široké.
h) Nakrájené kousky položte na připravený plech, ponechte mezi nimi malý prostor. Každý kousek bohatě posypte sezamovými semínky.
i) Paximathia pečte v předehřáté troubě asi 20-25 minut, nebo dokud nezezlátnou a nezezlátnou okraje.

j) Po upečení vyjměte Paximathia z trouby a nechte je několik minut vychladnout na plechu. Poté je přesuňte na mřížku, aby zcela vychladly.
k) Paximathia skladujte ve vzduchotěsné nádobě při pokojové teplotě.
l) Vydrží čerstvé několik týdnů.

43. Batzina

SLOŽENÍ:
- 4 hrnky univerzální mouky
- 1 lžička aktivního suchého droždí
- 1 lžička soli
- 2 lžíce olivového oleje
- 1 lžíce medu
- 1 ¼ šálku teplé vody

INSTRUKCE:
a) V malé misce smíchejte teplou vodu, med a droždí. Dobře promíchejte a nechte asi 5 minut odležet, dokud kvásek nezpění.
b) Ve velké míse smíchejte mouku a sůl. Uprostřed udělejte důlek a nalijte do něj olivový olej a směs droždí.
c) Ingredience míchejte dohromady, dokud se nezačne tvořit těsto. Těsto přendejte na lehce pomoučněnou plochu a hněťte asi 8–10 minut, dokud nebude hladké a pružné.
d) Z těsta vytvarujeme kouli a dáme do vymazané mísy. Mísu přikryjte čistou kuchyňskou utěrkou a těsto nechte na teplém místě kynout asi 1-2 hodiny, dokud nezdvojnásobí svůj objem.
e) Předehřejte troubu na 400 °F (200 °C). Plech vyložte pečícím papírem.
f) Jakmile těsto vykyne, promáčkněte ho, aby se uvolnily vzduchové bubliny. Těsto přendáme na připravený plech.
g) Rukama vyrovnejte těsto do kruhového tvaru o tloušťce asi ½ palce.
h) Pomocí nože narýhujte horní část těsta do kříže nebo kosočtverce.
i) Vršek chleba pokapejte trochou olivového oleje a rovnoměrně jej rozetřete.
j) Pečeme v předehřáté troubě asi 25-30 minut, nebo dokud chléb nezezlátne.
k) Po upečení vyjměte chléb Batzina z trouby a nechte jej vychladnout na mřížce.

44. Psomi Tou Kyrion

SLOŽENÍ:
- 2 hrnky celozrnné mouky
- 1 hrnek univerzální mouky
- ½ hrnku žitné mouky
- 1 ½ lžičky aktivního sušeného droždí
- 1 ½ lžičky soli
- 1 ½ šálku teplé vody
- 2 lžíce olivového oleje
- 1 lžíce medu (volitelně)
- Další mouka na posypání

INSTRUKCE:

a) V malé misce smíchejte teplou vodu a med (pokud používáte). Dobře promíchejte, aby se med rozpustil, a poté směs přisypte droždím. Necháme asi 5 minut uležet, dokud kvásek nezpění.

b) Ve velké míse smíchejte celozrnnou mouku, univerzální mouku, žitnou mouku a sůl. Uprostřed udělejte důlek a nalijte do něj olivový olej a směs droždí.

c) Ingredience míchejte dohromady, dokud se nezačne tvořit těsto. Těsto přendejte na lehce pomoučněnou plochu a hněťte asi 10–12 minut, dokud nebude hladké a pružné.

d) Z těsta vytvarujeme kouli a dáme do vymazané mísy. Mísu přikryjte čistou kuchyňskou utěrkou a těsto nechte na teplém místě kynout asi 1-2 hodiny, dokud nezdvojnásobí svůj objem.

e) Předehřejte troubu na 425 °F (220 °C). Do trouby vložte pečicí kámen nebo obrácený plech, aby se také předehřály.

f) Jakmile těsto vykyne, promáčkněte ho, aby se uvolnily vzduchové bubliny. Těsto přendejte na pomoučněnou plochu a vytvarujte z něj kulatý nebo oválný bochník.

g) Položte bochník na plech nebo kus pečícího papíru. Vršek bochníku poprašte trochou mouky a narýhujte ostrým nožem, abyste vytvořili ozdobné zářezy.

h) Opatrně přendejte bochník na předehřátý pečicí kámen nebo plech. Pečte asi 30–35 minut nebo dokud chléb nezezlátne a po poklepání na dno zní dutě.

i) Po upečení vyjměte Psomi tou kyrion z trouby a před krájením jej nechte vychladnout na mřížce.

45. Xerotigana

SLOŽENÍ:
NA TĚSTO:
- 4 hrnky univerzální mouky
- ½ lžičky prášku do pečiva
- ½ lžičky soli
- ½ šálku pomerančové šťávy
- ¼ šálku olivového oleje
- ¼ šálku bílého vína
- 1 lžička krystalového cukru
- 1 lžička mleté skořice

NA SIRUP:
- 2 šálky medu
- 1 šálek vody
- 1 tyčinka skořice
- Kůra z 1 pomeranče

INSTRUKCE:

a) Ve velké míse prošlehejte mouku, prášek do pečiva, sůl, cukr a mletou skořici.

b) V samostatné misce smíchejte pomerančovou šťávu, olivový olej a bílé víno.

c) Tekutou směs postupně za stálého míchání přilévejte k suchým surovinám, dokud nevznikne vláčné těsto.

d) Těsto přeneste na lehce pomoučněnou plochu a hněťte asi 5–7 minut, dokud nebude hladké a pružné.

e) Těsto rozdělte na malé porce a přikryjte je vlhkou utěrkou, aby nevyschly.

f) Vezměte jednu část těsta a rozválejte ho na tenký plát o tloušťce asi 1/8 palce.

g) Vyválené těsto nakrájejte na proužky, přibližně 1-2 palce široké a 6-8 palců dlouhé.

h) Vezměte každý proužek a svažte jej do volného uzlu, čímž vytvoříte zkroucený tvar. Tento postup opakujte se zbývajícími proužky těsta.

i) V hlubokém hrnci s těžkým dnem zahřejte rostlinný olej na smažení na teplotu asi 350 °F (180 °C).

j) Do rozpáleného oleje opatrně vhodíme několik kousků zakrouceného těsta a smažíme je ze všech stran dozlatova. Vyhněte se přeplnění hrnce; v případě potřeby je smažte po dávkách.

k) Po osmažení vyjměte xerotigana z oleje pomocí děrované lžíce a přeneste je na talíř vyložený papírovou utěrkou, aby se spustil přebytečný olej.

l) V samostatné pánvi smíchejte med, vodu, skořici a pomerančovou kůru. Směs zahřívejte na středním plameni, dokud nepřijde k varu. Snižte plamen a nechte asi 5 minut probublávat.

m) Ze sirupu vyjměte tyčinku skořice a pomerančovou kůru.

n) Dokud je sirup ještě teplý, ponořte do sirupu smaženou xerotigana a zcela je obalte. Nechte je pár minut nasáknout, poté je přendejte na mřížku, aby vychladly a nechte okapat přebytečný sirup.

o) Opakujte proces namáčení se zbývajícími Xerotigana, ujistěte se, že jsou zcela pokryty medovým sirupem.

FRANCOUZSKÝ CHLÉB

46.Bageta

SLOŽENÍ:
- 1¾ šálků vody o pokojové teplotě, rozdělených
- 2 lžičky instantního droždí, rozdělené
- 5 šálků mínus 1½ lžíce chlebové mouky (nebo mouky T55), rozdělené
- 1 lžíce košer soli

INSTRUKCE:
UDĚLEJTE PÂTE FERMENTÉE:
a) Ve střední misce smíchejte ½ šálku vody se špetkou droždí. Přidejte 1 ¼ šálku mouky a 1 lžičku soli. Míchejte, dokud se nespojí chlupaté těsto. Otočte těsto na lavici a hněťte, dokud se dobře nespojí, 1 až 2 minuty.
b) Vraťte těsto do mísy, přikryjte utěrkou a nechte 2 až 4 hodiny při pokojové teplotě nebo přes noc v chladu. Měla by se zdvojnásobit.

UDĚLEJTE TĚSTO:
c) Přidejte zbývající 1¼ šálku vody a zbývající droždí do kvašené paštiky, pomocí prstů rozdrobte těsto na tekutinu. Přidejte zbývající 3⅔ šálky mouky a zbývající 2 lžičky soli. Míchejte, dokud nevznikne chlupaté těsto, asi 1 minutu.
d) Těsto vyklopte na čistou lavici a hněťte 8 až 10 minut, dokud nebude hladké, pružné a pružné. Pokud hnětete ručně, odolejte nutkání přidat více mouky; těsto bude přirozeně méně lepivé, když ho budete zpracovávat.
e) Protáhněte těsto, abyste zkontrolovali správný vývoj lepku. Pokud se trhá příliš rychle a působí drsně, pokračujte v hnětení, dokud nebude hladké a pružné.
f) Pokud hnětete ručně, vraťte těsto do mísy. Přikryjte utěrkou a nechte 1 hodinu stát, nebo dokud nezdvojnásobí svůj objem.
g) Vytvarujte a upečte: Lehce pomoučněte lavici a pomocí plastové škrabky na lavici uvolněte těsto z mísy. Pomocí kovové škrabky rozdělte těsto na 4 stejné části (každá o hmotnosti asi 250 gramů). Přikryjte ručníkem a nechte 5 až 10 minut odpočívat.
h) Pracujte vždy s jednou částí a pomocí konečků prstů těsto jemně vytlačte do hrubého obdélníku. Přeložte horní čtvrtinu dolů

do středu a poté přeložte spodní čtvrtinu nahoru do středu, aby se setkaly. Lehce zatlačte podél švu, aby přilnul.
i) Přeložte horní polovinu těsta přes spodní polovinu, abyste vytvořili poleno. K utěsnění švu použijte patu ruky nebo konečky prstů. Ujistěte se, že je vaše lavice lehce pomoučená. Nechcete na těsto příliš tlačit, ale ani nechcete, aby klouzalo místo válení. Pokud těsto klouže, odstraňte přebytečnou mouku a lehce si namočte ruce.
j) Opatrně překlopte těsto tak, aby byl šev na dně, a rukama rozkývejte konce bochníku tam a zpět, abyste vytvořili tvar fotbalu. Poté protáhněte ruce od středu bochníku směrem k okrajům, abyste jej protáhli na 12 až 14 palců. Opakujte se zbývajícími sekcemi.
k) Na plech položte plátěnou utěrku. Poprašte ho moukou a přehněte jeden konec, abyste vytvořili okraj. Vedle tohoto záhybu položte jednu bagetu. Přeložte ručník podél druhé strany, abyste vytvořili vyhrazený prostor pro bagetu, aby kynula. Položte vedle sebe další bagetu a vytvořte další záhyb. Opakujte se zbývajícími bagetami.
l) Přikryjeme utěrkou a necháme 1 hodinu kynout.
m) Po 30 minutách kynutí předehřejte troubu na 475 °F. Umístěte pečicí kámen na středový rošt. Rovný plech vyložte pečicím papírem (plech otočte a zapracujte na zadní straně, pokud používáte pečicí kámen).
n) Bagety zkontrolujte propíchnutím těsta. Měla by mírně vyskočit, zanechat odsazení a působit jako marshmallow.
o) Když jsou bagety připraveny k pečení, jemně je zvedněte a přeneste na připravený plech na pečení, položte je 2 palce od sebe. Dávejte pozor, abyste bagety při přemísťování nevyfoukli.
p) Držte chromý nebo žiletku pod úhlem 30 stupňů a rychle, ale zlehka nařízněte pět čar diagonálně přes horní část baget, asi ¼ palce hluboké a 2 palce od sebe. Mezi bochníky ponořte čepel do vody, aby se uvolnilo lepivé těsto.
q) Plech vložte do trouby, nebo, pokud používáte pečicí kámen, nasuňte pečicí papír z plechu na pečicí kámen.

r) Postříkejte bochníky vodou celkem 4x až 5x a zavřete dvířka trouby. Nastříkejte znovu po 3 minutách pečení a znovu po dalších 3 minutách, pokaždé rychle pracujte, abyste neztratili teplo v troubě.

s) Pečte celkem 24 až 28 minut, dokud nebudou bochníky tmavě zlatohnědé.

t) Před krájením přendejte bochníky na 15 až 20 minut na chladicí mřížku.

47. Bagety Au Levain

SLOŽENÍ:
- 1¼ šálku startéru, při pokojové teplotě.
- ¼ šálku vody
- 2 lžičky olivového oleje
- 2½ šálku chlebové mouky
- ¾ lžičky soli
- 1½ lžičky cukru
- 2 lžičky droždí

INSTRUKCE:

a) Večer před zahájením chleba vyndejte startér z lednice. Nakrmte startér a nechte jej dosáhnout pokojové teploty, protože tráví krmení. Vložte ingredience do pánve v uvedeném pořadí. Nastavte těsto, stiskněte start.

b) Po dokončení cyklu vyjměte těsto, vymačkejte plyny, vložte do mísy, přikryjte vlhkou utěrkou a nechte 30 minut odpočívat.

c) Na desku nasypeme kukuřičnou krupici, těsto vytvarujeme do 2 tenkých válečků, bochníky vložíme do formy na bagety, přikryjeme utěrkou a necháme 12 až 24 hodin v lednici kynout.

d) Vyndejte z lednice, postříkejte vodou a nechte uležet, dokud zcela nevykyne. Znovu posypte vodou a pečte v běžné troubě při 375 F po dobu 30 minut, nebo dokud nebudou hnědé a křupavé. Chcete-li chléb opravdu křupat, postříkejte vodou každých 5 minut během pečení!

48. Pain d'Épi

SLOŽENÍ:
- 1¾ šálků vody o pokojové teplotě, rozdělených
- 2 lžičky instantního droždí, rozdělené
- 5 šálků mínus 1½ lžíce chlebové mouky (nebo mouky T55), rozdělené
- 1 lžíce košer soli

INSTRUKCE:

a) Připravte paštikové fermenté: Ve střední misce smíchejte ½ šálku vody se špetkou droždí. Přidejte 1 ¼ šálku mouky a 1 lžičku soli. Míchejte, dokud se nespojí chlupaté těsto. Otočte těsto na lavici a hněťte, dokud se dobře nespojí, 1 až 2 minuty. Směs bude lepkavá. Vraťte těsto do mísy, přikryjte utěrkou a nechte 2 až 4 hodiny při pokojové teplotě nebo přes noc v chladu. Měla by se zdvojnásobit.

b) Vypracujte těsto: Přidejte zbývající 1¼ šálku vody a zbývající droždí do kvašené paštiky, pomocí prstů rozdrobte těsto na tekutinu. Přidejte zbývající 3⅔ šálky mouky a zbývající 2 lžičky soli a míchejte, dokud nevznikne chlupaté těsto, asi 1 minutu.

c) Těsto vyklopte na čistou lavici a hněťte 8 až 10 minut (nebo přeneste do stojanového mixéru a hněťte 6 až 8 minut při nízké rychlosti), dokud nebude hladké, pružné a pružné. Pokud hnětete ručně, odolejte nutkání přidat více mouky; těsto bude přirozeně méně lepivé, když ho budete zpracovávat.

d) Protáhněte těsto, abyste zkontrolovali správný vývoj lepku. Pokud se trhá příliš rychle a působí drsně, pokračujte v hnětení, dokud nebude hladké a pružné.

e) Pokud hnětete ručně, vraťte těsto do mísy. Přikryjte utěrkou a nechte 1 hodinu stát, nebo dokud nezdvojnásobí svůj objem.

f) Lehce si pomoučněte lavici a pomocí plastové škrabky uvolněte těsto z mísy. Pomocí kovové škrabky rozdělte těsto na 4 stejné části (každá o hmotnosti asi 250 gramů). Přikryjte ručníkem a nechte 5 až 10 minut odpočívat.

g) Pracujte vždy s jednou částí a pomocí konečků prstů těsto jemně vytlačte do hrubého obdélníku. Přeložte horní čtvrtinu dolů

do středu a poté přeložte spodní čtvrtinu nahoru do středu, aby se setkaly.
h) Lehce zatlačte podél švu, aby přilnul. Přeložte horní polovinu těsta přes spodní polovinu, abyste vytvořili poleno. K utěsnění švu použijte patu ruky nebo konečky prstů.
i) Opatrně překlopte těsto tak, aby byl šev na dně, a rukama rozkývejte konce bochníku tam a zpět, abyste vytvořili tvar fotbalu. Poté protáhněte ruce od středu bochníku směrem k okrajům, abyste jej protáhli na 12 až 14 palců. Opakujte se zbývajícími sekcemi.
j) Dva plechy vyložte pečicím papírem. Jemně přeneste dva bochníky na každý připravený plech na pečení ve vzdálenosti 4 až 5 palců od sebe.
k) Držte nůžky pod úhlem 45 stupňů a nakrájejte na jednu bagetu asi 2 palce od konce (nakrájejte téměř celý bochník jedním tahem, takže špičky nůžek jsou jen asi ⅛ palce od konce těsta) . Okamžitě, ale jemně položte kus na pravou stranu. Udělejte druhý řez asi 2 palce podél bochníku a položte kousek těsta doleva. Opakujte a střídejte stranu, na kterou těsto přesouváte, dokud neprokrojíte celý bochník.
l) Zakryjte utěrkami a nechte kynout 1 hodinu nebo dokud nebude marshmallow textura. Pokud těsto propíchnete, mělo by lehce vyskočit a zanechat zářez. Po 30 minutách kynutí předehřejte troubu na 475 °F.
m) Když jsou bochníky připravené k pečení, vložte plechy do trouby. Postříkejte bochníky vodou celkem 4x až 5x a zavřete dvířka. Nastříkejte znovu po 3 minutách pečení a znovu po dalších 3 minutách, pracujte rychle, abyste neztratili teplo v troubě. Pečte celkem 24 až 28 minut, přičemž v polovině pečení otočte polohu plechů pro rovnoměrné zhnědnutí, dokud nebudou bochníky tmavě zlatohnědé.
n) Před podáváním přendejte bochníky na 10 až 15 minut na chladicí mřížku.

49. Pain d'Épi Aux Herbes

SLOŽENÍ:
- 1¼ šálku teplé vody, rozdělené
- Balení 0,63 unce Instantní kváskové droždí
- 4 šálky chlebové mouky, rozdělené
- 2¾ lžičky košer soli
- 1 lžička česnekového prášku
- 1 lžička nasekaného čerstvého rozmarýnu
- 1 lžička nasekané čerstvé šalvěje
- 1 lžička nasekaného čerstvého tymiánu
- ½ lžičky mletého černého pepře
- 1½ šálku vroucí vody
- Bylinkový olivový olej k podávání

INSTRUKCE:
a) V misce stojanového mixéru vybaveného lopatkovým nástavcem ručně rozšlehejte ¾ šálku (180 gramů) teplé vody a instantního kynutého droždí, dokud se nerozpustí. Přidejte 1⅓ šálku (169 gramů) mouky a šlehejte při nízké rychlosti, dokud se směs nespojí, asi 30 sekund. Přikryjte a nechte kynout na teplém místě bez průvanu, dokud nezdvojnásobí svůj objem, 30 až 45 minut.

b) Přidejte sůl, česnekový prášek, rozmarýn, šalvěj, tymián, černý pepř, zbývající 2⅔ šálky (339 gramů) mouky a zbývající ½ šálku (120 gramů) teplé vody do směsi droždí a šlehejte při nízké rychlosti, dokud se těsto nespojí, asi 30 sekundy. Přepněte na nástavec háku na těsto. Šlehejte při nízké rychlosti 2 minuty.

c) Velkou mísu lehce naolejujte. Vložte těsto do mísy, otočte na tukem vršek. Přikryjte a nechte stát na teplém místě bez průvanu, dokud nebude hladká a elastická, asi ½ hodiny, každých 30 minut otočte.

d) Těsto vyklopte na velmi lehce pomoučněnou plochu a rozdělte na poloviny. Jednu polovinu jemně poklepejte do obdélníku 9x4 palce; přeložte jednu krátkou stranu přes středovou třetinu a uzavřete sevřením. Přeložte zbývající třetinu přes přeloženou část a uzavřete ji sevřením. Těsto obraťte tak, aby bylo švem dolů. Zakryjte a nechte 20 minut stát. Opakujte se zbývající polovinou těsta.

e) Okrajový plech vyložte pečicím papírem, přebytek nechte mírně přesahovat přes okraje formy. Silně poprášíme moukou.
f) Jemně poklepejte každou bagetu do obdélníku 8 x 6 palců, jedna dlouhá strana nejblíže k vám. Přeložte horní třetinu těsta do středu a přitiskněte k uzavření. Přehněte spodní třetinu přes přeloženou část a přitiskněte ji k utěsnění. Těsto přeložte podélně napůl, aby se dlouhé okraje setkaly. Pomocí paty ruky pevně přitiskněte okraje k utěsnění. Srolujte do 15 až 16palcového polena stejné tloušťky, konce se mírně zužují.
g) Položte 1 poleno na připravenou pánev švem dolů a přiložte jej k jedné dlouhé straně pánve. Vytáhněte a složte pergamen, abyste vytvořili zeď na opačné straně polena. Zbývající poleno přiložte na druhou stranu pergamenové stěny, švem dolů. Opakujte proces vytahování a skládání s pergamenem, abyste vytvořili stěnu na opačné straně druhého polena, a zatěžte ji kuchyňskou utěrkou, aby se pergamen neposouval. Přikryjte a nechte 45 až 50 minut kynout na teplém místě bez průvanu do mírného nafouknutí.
h) Umístěte velkou litinovou pánev na spodní rošt trouby a pečicí plech s okrajem na středový rošt. Předehřejte troubu na 475 °F.
i) Opatrně přeneste polena těsta na list pečícího papíru; vršky důkladně popráším moukou. Pomocí kuchyňských nůžek udělejte rychlý a čistý řez pod úhlem 45 stupňů asi 1,5 palce od konce 1 polena, přičemž odřízněte asi tři čtvrtiny cesty.
j) Jemně otočte kousek těsta na jednu stranu. Udělejte druhý řez 1,5 palce od prvního a opatrně otočte kousek těsta na opačnou stranu. Opakujte, dokud nedosáhnete konce polena a vytvoříte tvar stonku pšenice. Opakujte postup se zbývajícím protokolem.
k) Vyjměte předehřátou pánev z trouby. Na plech opatrně položte pergamen s těstem a vraťte do trouby. Opatrně nalijte 1 ½ šálku vroucí vody do předehřáté pánve. Ihned zavřete dvířka trouby.
l) Pečte dozlatova a teploměr s okamžitým odečtem umístěným uprostřed nezaznamenává 205 °F (96 °C), asi 15 minut. Necháme vychladnout na pánvi na mřížce.
m) Podávejte s bylinkovým olivovým olejem.

50. Fouée

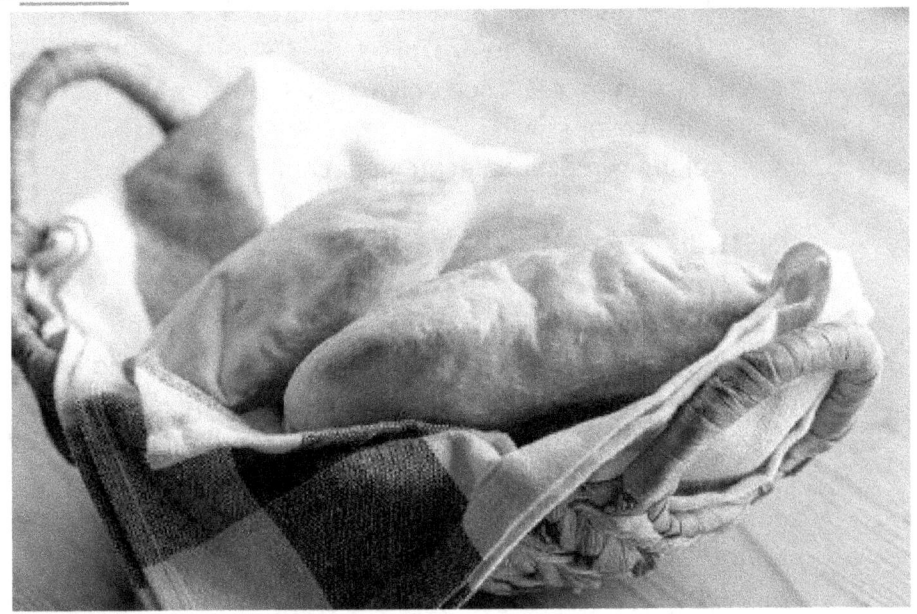

SLOŽENÍ:
- 1 ½ šálku vody, při pokojové teplotě
- 2 lžičky instantního droždí
- 5 šálků mínus 1½ lžíce univerzální mouky (nebo mouky T55)
- 1 lžíce košer soli
- Olej, na vymazání plechu na pečení

INSTRUKCE:

a) Vypracujte těsto: V míse smíchejte vodu a droždí, poté vmíchejte mouku a sůl. Hněťte ručně 6 až 8 minut (nebo 4 až 6 minut ve stojanovém mixéru při nízké rychlosti), dokud se dobře nespojí a nebude hladká. Pokud pracujete v mixéru, možná budete muset dodělat těsto ručně, protože je trochu těžké. Zakryjte ručníkem nebo plastovým obalem a nechte 1 hodinu stranou, nebo dokud nezdvojnásobí svůj objem. To se bude lišit v závislosti na teplotě vaší kuchyně.

b) Vytvarujte a upečte: Lehce pomoučněte lavici a pomocí plastové škrabky na lavici uvolněte těsto z mísy. Pomocí kovové škrabky naporcujte na 8 stejných kousků, každý asi 115 gramů.

c) Pomocí konečků prstů stáhněte okraje jednoho kusu těsta dovnitř a pracujte kolem těsta ve směru hodinových ručiček, dokud nebudou všechny okraje přehnuty do středu.

d) Lehce přitiskněte, aby přilnul. Měli byste vidět, jak se záhyby těsta setkávají ve středu a vytvářejí šev. (Dávejte pozor, abyste těsto nehnětli nebo nevyfukovali příliš agresivně.)

e) Otočte každé kolo. Oběma rukama obepněte základnu a pomocí držadla stolu přitáhněte kolečko směrem k sobě, otáčejte se za pochodu, abyste utáhli šev. Opakujte se zbývajícími koly. Přikryjte ručníkem a nechte 5 až 10 minut odpočívat.

f) Přeneste 4 kolečka na malý talíř, přikryjte ručníkem nebo plastovou fólií a přesuňte do chladničky. Zakryjte zbývající kolečka a nechte 5 až 10 minut odpočívat.

g) Předehřejte troubu na 475 °F. Na středový rošt trouby položte pečicí kámen nebo naolejovaný těžký plech.

h) Poprašte lavici moukou a vyválejte 4 nevychlazená kolečka těsta na kruhy o tloušťce ¼ palce. U tloušťky buďte přesní: Těsto, které je příliš husté, se nenafoukne, a příliš tenké těsto se stane sušenkami. Pokud se těsto během válení stahuje, přikryjte ho, nechte dalších 10 minut odpočívat a zkuste to znovu.
i) Důkladné, odkryté, 15 až 20 minut nebo do lehkého nafouknutí. Mezitím vyválejte 4 chlazená kolečka.
j) Rychle a jemně položte první 4 kusy na pečicí kámen nebo plech na pečení ve vzdálenosti nejméně 2 palce od sebe. Pečte 8 až 10 minut, dokud nejsou nafouknuté a místy lehce zlatavě hnědé.
k) Vyjměte z trouby, dejte na chladicí mřížku a zbylé kousky dopečte, když jsou lehce nafouknuté a odpočinuté 15 až 20 minut.
l) Před dělením a plněním ochlaďte 5 až 10 minut.

51. Fougasse

SLOŽENÍ:
- 1¾ šálků vody o pokojové teplotě, rozdělených
- 2 lžičky instantního droždí, rozdělené
- 5 šálků mínus 1½ lžíce chlebové mouky (nebo mouky T55), rozdělené
- 2 lžíce olivového oleje, plus další na pokapání
- 1 lžíce košer soli plus další na posypání

INSTRUKCE:
a) Připravte paštikové fermenté: V misce smíchejte ½ šálku vody se špetkou droždí. Přidejte 1 ¼ šálku mouky a 1 lžičku soli. Míchejte, dokud se nespojí chlupaté těsto. Otočte těsto na lavici a hněťte, dokud se dobře nespojí, 1 až 2 minuty. Směs bude lepkavá. Vraťte těsto do mísy, přikryjte utěrkou a nechte 2 až 4 hodiny při pokojové teplotě nebo přes noc v chladu. Měla by se zdvojnásobit.

b) Vypracujte těsto: Přidejte zbývající 1¼ šálku vody a zbývající droždí do zkvašené paštiky, pomocí prstů rozdrobte těsto na tekutinu. Přidejte zbývající 3⅔ šálky mouky, olej a zbývající 2 lžičky soli a míchejte, dokud nevznikne chlupaté těsto, asi 1 minutu.

c) Těsto vyklopte na čistou lavici a hněťte 8 až 10 minut, dokud nebude hladké, pružné a vláčné. Pokud hnětete ručně, odolejte nutkání přidat více mouky; těsto bude přirozeně méně lepivé, když ho budete zpracovávat.

d) Protáhněte těsto, abyste zkontrolovali správný vývoj lepku. Pokud se trhá příliš rychle a působí drsně, pokračujte v hnětení, dokud nebude hladké a pružné.

e) Pokud hnětete ručně, vraťte těsto do mísy. Přikryjte utěrkou a nechte 1 hodinu stát, nebo dokud nezdvojnásobí svůj objem.

f) Vytvarujte a upečte: Lehce pomoučněte lavici a pomocí plastové škrabky na lavici uvolněte těsto z mísy. Pomocí kovové škrabky rozdělte těsto na 4 stejné části (každá o hmotnosti asi 250 gramů). Přikryjte ručníkem a nechte 5 až 10 minut odpočívat. Dva plechy vyložte pečicím papírem.

g) Kuličky poprašte moukou a každou zploštěte na hrubý ovál o tloušťce něco málo přes ¼ palce, nejprve pomocí konečků prstů a poté válečku, pokud chcete.

h) Pomocí nože drženého pod úhlem 45 stupňů nakrájejte do těsta ozdobné čáry. Ujistěte se, že jste prořízli celé těsto a oddělte řezy alespoň ½ palce od sebe.

i) Opatrně přeneste dva bochníky na každý připravený plech s rozestupem několika centimetrů od sebe. Jemně je protáhněte, abyste měli jistotu, že zářezy zůstanou během pečení otevřené.

j) Přikryjte bochníky ručníky a nechte je kynout 30 až 45 minut, nebo dokud nebudou mít texturu marshmallow Y. Pokud těsto propíchnete, mělo by lehce vyskočit a zanechat zářez. Po 15 minutách kynutí předehřejte troubu na 475 °F.

k) Když jsou bochníky připravené k pečení, vložte plechy do trouby. Postříkejte bochníky vodou 4krát nebo 5krát a zavřete dvířka.

l) Nastříkejte znovu po 3 minutách pečení a znovu po dalších 3 minutách, pracujte rychle, abyste neztratili teplo v troubě. Pečte celkem 18 až 20 minut, dokud nebudou bochníky tmavě zlatavé, v polovině pečení otočte polohu plechů, aby se rovnoměrně zhnědly.

m) Vyjměte plechy z trouby a nechte je trochu vychladnout.

n) Před podáváním pokapejte olivovým olejem a posypte solí.

52. Fougasse à l'Ail

SLOŽENÍ:

- 2 šálky chlebové mouky
- 1 velká lžíce droždí
- 1½ šálku teplé vody
- Mořská sůl na ozdobu
- 1½ kilogramu mouky
- 1½ lžičky soli
- 100 ml Olivový olej
- 1 lžíce droždí
- 1 lžíce čerstvého mletého česneku
- 1 šálek teplé vody; (Cca.)

INSTRUKCE:

a) Předkrm připravíte tak, že smícháme mouku, kvásek a vodu, dokud nebude směs připomínat polohusté těsto. Nechte vykynout zakryté v nereaktivní misce až 3 dny, aby se rozvinuly krásné vyzrálé chutě.

b) Předkrm, mouku, sůl, kvásek, česnek a polovinu oleje smíchejte s přibližně 1 hrnkem teplé vody a vypracujte vláčné těsto.

c) Hněťte na pomoučené ploše, dokud není těsto hedvábně hladké, a podle potřeby přidávejte mouku, dokud se těsto přestane lepit.

d) Těsto necháme kynout v olejem vymazané míse, dokud se nezdvojnásobí, asi 2 hodiny.

e) Těsto rozdělte na 6 nebo 8 dílů a vytvarujte ovální tvary asi 2 cm. tlustý. Ostrým nožem nakrájejte do těsta diagonální řezy a poté jemně protáhněte, abyste otevřeli otvory. Potřete ochuceným olejem dle vlastního výběru a posypte mořskou solí.

f) Necháme 20 minut kynout a poté pečeme při 225°C. po dobu 15-20 minut, během pečení dvakrát postříkat vodou.

g) Vyndejte z trouby a ještě jednou potřete olivovým olejem.

53. Fougasse Au Romarin

SLOŽENÍ:
- ½ dávky křupavého chleba
- 3 lžíce čerstvého rozmarýnu, nasekaného

INSTRUKCE:
a) Vymícháme těsto.
b) Po prvním kynutí těsta po dobu 1½ až 2 hodin lze těsto vytvarovat do fougasse. Těsto položte na lehce pomoučněnou plochu a vytvarujte z něj dlouhý úzký obdélník. Povrch těsta posypte vrstvou nasekaného rozmarýnu a dávejte pozor, aby byly pokryty i okraje.
c) Těsto přeložte na třetiny jako obchodní dopis, horní třetinu přes střed těsta, pak spodní třetinu přes něj, přičemž obě dvě zcela překryjte. Pevně zatlačte na 3 otevřené strany fougasse.
d) Chléb dobře zakryjte plastovou fólií a nechte kynout, dokud nezdvojnásobí objem, asi 1 až 2 hodiny.
e) Třicet minut před pečením předehřejte troubu na 475 stupňů F. Umístěte pečicí kámen do trouby, aby se předehřál, a těsně pod kámen umístěte rošt.
f) Slupku nebo pečicí papír obrácený vzhůru nohama vydatně posypte kukuřičnou moukou a navrch položte fougasse a mírně ji protáhněte, aby z ní vznikl čtverec.
g) Vykrajovátkem na těsto vyřízněte do těsta ozdobný vzor, například list nebo žebřík. Bochník rozprostřete a protáhněte, dokud řezy nevytvoří velké otvory.
h) Ujistěte se, že je fougasse uvolněná ze slupky, a poté ji opatrně nasuňte na pečicí kámen. Pomocí rozprašovače na rostliny rychle zamlžte chléb vodou 8 až 10krát a poté rychle zavřete dvířka trouby. Po 1 minutě opět mlha. Poté o 1 minutu později znovu zamlžte.
i) Pečte asi 10 minut, poté snižte teplotu na 450 stupňů a pečte o 15 minut déle nebo dokud nebude bochník po poklepání na dno znít lehce dutě a kůrka bude středně až tmavě hnědá.
j) Před podáváním přendejte chléb na mřížku, aby alespoň 30 minut vychladl.

54. Pain De Campagne

SLOŽENÍ:

- ¼ šálku kváskového předkrmu nebo paštiky fermenté (zde)
- 1¼ šálku vody při pokojové teplotě
- 2¾ šálků plus 1 lžíce chlebové mouky (nebo mouky T55)
- ⅔ hrnku žitné mouky (nebo mouky T170)
- 1 lžíce košer soli

INSTRUKCE:

a) Vypracujte těsto: Ve střední míse smíchejte kvásek, vodu, chlebovou mouku a žitnou mouku. Přidejte sůl a míchejte, dokud se nespojí chlupaté těsto.

b) Vyklopte těsto na čistou lavici a hněťte 8 až 10 minut, dokud nebude hladké, pružné a vláčné. Pokud hnětete ručně, odolejte nutkání přidat více mouky; těsto bude přirozeně méně lepivé, když ho budete zpracovávat.

c) Protáhněte těsto, abyste zkontrolovali správný vývoj lepku. Pokud se trhá příliš rychle a má hrubou strukturu, pokračujte v hnětení, dokud nebude hladká a pružná.

d) Pokud hnětete ručně, vraťte těsto do mísy. Přikryjte utěrkou a nechte 1 až 3 hodiny, nebo dokud nezdvojnásobí svůj objem.

e) Banneton nebo mísu vyloženou utěrkou vysypte moukou. Lehce si pomoučněte lavici a pomocí plastové škrabky uvolněte těsto z mísy.

f) Pomocí konečků prstů vytáhněte okraje těsta dovnitř a pracujte kolem těsta ve směru hodinových ručiček, dokud nebudou všechny okraje přehnuty do středu. Lehce přitiskněte, aby přilnul. Měli byste vidět, jak se záhyby těsta setkávají ve středu a vytvářejí šev. Překlopte těsto.

g) Hladký vršek těsta posypte moukou a kulatý položte švem nahoru do připraveného košíku. U bochníku s kroužkovým vzorem odstraňte před vložením těsta do kynového koše vložku a mouku.

h) Přikryjte ručníkem a nechte kynout 1 až 1½ hodiny, dokud nebude mít světlou texturu a zdvojnásobí objem. Pokud těsto propíchnete, mělo by lehce vyskočit a zanechat zářez.

i) Po 30 minutách kynutí předehřejte troubu na 475 °F pomocí pečícího kamene, pečícího plechu nebo holandské trouby (s víkem) uvnitř, aby se zahřála, jak se trouba zahřívá.

j) Když je bochník připravený k pečení, opatrně jej vyklopte na 10 až 12palcový čtverec pečícího papíru. Chromý držte pod úhlem 90 stupňů a pomocí rychlých lehkých pohybů označte uprostřed bochníku velké X, hluboké ¼ palce.

k) Pokud používáte plech, vykynutý bochník překlopte na plech vyložený pečicím papírem a vložte do předehřáté trouby. Pokud používáte pečicí kámen, posuňte pečicí papír s bochníkem na zadní stranu plechu a poté z plechu na rozehřátý pečicí kámen v troubě.

l) Snižte teplotu trouby na 450 °F, 4krát nebo 5krát postříkejte bochník vodou a zavřete dvířka. Nastříkejte znovu po 3 minutách pečení, poté znovu po dalších 3 minutách, pokaždé rychle pracujte, abyste neztratili teplo v troubě.

m) Pečte celkem 25 až 30 minut, dokud nebude kůrka tmavě zlatohnědá a teplotní sonda zasunutá do středu bochníku nezaznamená asi 205 °F. Pomocí pečícího papíru vysuňte bochník z trouby na chladicí mřížku.

n) Pokud používáte holandskou troubu nebo cocotte: Vyjměte hrnec z trouby, odkryjte jej a vložte bochník pomocí pergamenu.

o) Přikryjte a pečte 20 minut, poté poklici sejměte a pečte dalších 10 až 15 minut, dokud nebude bochník tmavě zlatohnědý. Pomocí okrajů pergamenového papíru jako smyčku zvedněte bochník z hrnce a na chladicí mřížku. (Není nutné stříkat bochníky vyrobené v holandské peci nebo cocotte, protože uzavřený hrnec umožňuje, aby se bochník sám zapařil.)

p) Před krájením nechte bochník 15 až 20 minut odležet.

55. Boule De Pain

SLOŽENÍ:
- 1 ½ šálku vody, při pokojové teplotě, rozdělené
- 2 lžičky instantního droždí, rozdělené
- 3¾ šálků chlebové mouky (nebo mouky T55), rozdělené
- ¼ šálku celozrnné mouky (nebo mouky T150)
- 1 lžíce košer soli

INSTRUKCE:
UDĚLEJTE POLITIKU:
a) V misce smíchejte ¾ šálku plus 2 polévkové lžíce vody se špetkou droždí. Přidejte 1¾ šálku chlebové mouky. Míchejte, dokud nevznikne hladká pasta. Přikryjte utěrkou a nechte 2 až 4 hodiny při pokojové teplotě nebo nechte přes noc v chladu. Měla by se zdvojnásobit.

UDĚLEJTE TĚSTO:
b) Přidejte zbývající ⅔ šálku vody a zbývající droždí do poolish, pomocí prstů rozdrobte těsto na tekutinu. Přidejte zbývající 2 hrnky chlebové mouky, celozrnnou mouku a sůl a míchejte, dokud nevznikne chlupaté těsto, asi 1 minutu. Těsto vyklopte na čistou lavici a hněťte 8 až 10 minut, dokud nebude hladké, pružné a vláčné. Pokud hnětete ručně, odolejte nutkání přidat více mouky; těsto bude přirozeně méně lepivé, když ho budete zpracovávat.
c) Protáhněte těsto, abyste zkontrolovali správný vývoj lepku. Pokud se trhá příliš rychle a působí drsně, pokračujte v hnětení, dokud nebude hladké a pružné.
d) Pokud hnětete ručně, vraťte těsto do mísy. Přikryjte utěrkou a nechte 1 hodinu stát, nebo dokud nezdvojnásobí svůj objem.
e) Vytvarujte a upečte: Košík na tvarování baneton nebo mísu vyloženou utěrkou vysypte moukou. Lehce si pomoučněte lavici a pomocí plastové škrabky uvolněte těsto z mísy.
f) Pomocí konečků prstů vytáhněte okraje těsta dovnitř a pracujte kolem těsta ve směru hodinových ručiček, dokud nebudou všechny okraje přehnuty do středu. Lehce přitiskněte, aby přilnul. Měli byste vidět, jak se záhyby těsta setkávají ve středu a vytvářejí šev.
g) Překlopte těsto. Oběma rukama obepněte základnu a pomocí držadla stolu přitáhněte kolečko směrem k sobě, otáčejte se za

pochodu, abyste utáhli šev. Hladký vršek potřete moukou a kulatý položte švem nahoru do připraveného košíku nebo misky.

h) Zakryjte ručníkem a nechte kynout 1 až 1½ hodiny, dokud nebude mít světlou texturu a zdvojnásobí objem. Pokud těsto propíchnete, mělo by lehce vyskočit a zanechat zářez. Po 30 minutách kynutí,

i) Předehřejte troubu na 475 °F s pečicím kamenem, pečicím plechem nebo holandskou troubou uvnitř, aby se zahřála, jak se trouba zahřívá.

j) Když je bochník připravený k pečení, opatrně jej vyklopte na 10 až 12palcový čtverec pečícího papíru. Použijte chromý nebo břitvu k dekorativnímu skórování pomocí rychlých a lehkých pohybů.

k) Vykynutý bochník přendáme na pečící papír na plech a vložíme do předehřáté trouby. Pokud používáte pečicí kámen, posuňte pečicí papír s bochníkem na zadní stranu plechu a poté z plechu na rozehřátý pečicí kámen v troubě. (Pokud používáte holandskou troubu, přejděte ke kroku 12.)

l) Snižte teplotu trouby na 450 °F, 4krát nebo 5krát postříkejte bochník vodou a zavřete dvířka. Nastříkejte znovu po 3 minutách pečení a znovu po dalších 3 minutách, pokaždé rychle pracujte, abyste neztratili teplo v troubě. Pečte celkem 25 až 30 minut, dokud nebude kůrka tmavě zlatohnědá a teplotní sonda zasunutá do středu bochníku nezaznamená asi 200 °F. (Rád kontroluji teplotu vložením sondy do strany bochníku, nikoli do horní části, takže otvor je diskrétní.) Posuňte bochník na chladicí rošt.

m) Pokud používáte holandskou troubu, vyjměte hrnec z trouby, odkryjte jej a vložte bochník dovnitř pomocí pergamenu. Přikryjte a pečte 20 minut, poté sejměte víko a pečte dalších 10 až 15 minut, dokud nebude bochník tmavě zlatohnědý a teplota nezaregistruje asi 200 °F. Pomocí okrajů pergamenového papíru jako smyčku zvedněte bochník z hrnce a na chladicí mřížku.

n) Před krájením nechte bochník 15 až 20 minut vychladnout.

56. La Petite Boule De Pain

SLOŽENÍ:
- 7 šálků chlebové mouky
- ¾ šálku tvrdé červené mouky
- ¾ šálku špaldové mouky
- 2¾ šálku vody
- 1 ¾ lžičky soli
- 1 ½ lžičky droždí
- 2 ½ lžičky cukru
- ⅓ šálku lněných semínek, sezamu nebo dýňových semínek

INSTRUKCE:
a) Nejprve musíte nastartovat kvásek, k tomu použijete vysokou odměrku ideálně, kam dáte cukr a dehydrované droždí chudé na 65 ºC a lžící promícháte, dokud se vše nerozpustí, poté nechte uležet. 10 minut, dokud to nebude vypadat takto.

b) Odvažte mouku a sůl a položte je na pracovní desku, dejte pozor, abyste měli všude zhruba stejné množství, jako budete ochuzovat tekutinu uvnitř a nechcete nikde otvor, jinak máte potíže.

c) Míchejte v prstech tak, že budete kroužit a pomalu zapracovávat mouku na straně, dokud nezískáte pěkné těsto.

d) Jakmile budete mít pěkné těsto, chcete ho 5 minut vypracovávat rukou a snažit se rozvinout lepek uvnitř. Na konci přidejte zrno dle vlastního výběru

e) Jakmile to uděláte, nechte těsto v míse přikryté vlhkou utěrkou 2 až 3 hodiny v troubě.

f) Nemáte kynárnu, pak je to velmi jednoduché, použijte plynovou nebo elektrickou troubu, postavte na dno misku s teplou vodou a zapněte troubu na jakoukoli teplotu asi na 3 minuty a vypněte ji.

g) Jakmile je vykynuté, položte jej na pracovní desku s velmi malým množstvím mouky a nehněťte ji, pouze ji vyrovnejte a přeložte těsto, mělo by být docela elastické, takže vezměte jeden konec, severní konec těsta a přiveďte k na jihu, udělejte to samé pro všechny rohy několikrát, pak to otočte a zakulatte "boule".

h) Skládání je to, co dá chlebu sílu kynout. Jakmile to překlopíte, nechte to ještě jednou kynout při pokojové teplotě na pracovní desce asi hodinu s mokrým ručníkem.

i) Těsně před hodinovou značkou zahřejte troubu na 225 °C a vložte do ní litinovou pánev nebo těžký hrnec odolný proti troubě s pevně přiléhajícím víkem bez víček, víko budete potřebovat, jakmile bude chléb uvnitř.

j) Dvakrát nařízněte vršek žiletkou nebo ostrým nožem a vršek pomoučněte (to mu dá krásnou texturu na povrchu), poté rukou uchopte těsto a vložte ho do těžkého hrnce odolného v troubě s poklicí asi na dobu 20 minut.

k) Po těchto prvních 20 minutách snižte teplotu na 200 °C a pečte znovu dalších 20 minut bez pokličky.

l) Po těch 40 minutách to vyndejte z trouby a vyndejte z hrnce a vychladněte na mřížce a máte to.

m) Chcete-li, aby vám chléb vydržel o něco déle, máte několik možností, po dni ho můžete nakrájet a zmrazit na zip, nebo jej můžete nechat celý tak, jak je, ale musíte ho zabalit do ručník pokaždé, když ho použijete. takhle to vydrží 3 dny.

n) Pokud máte rádi chleby o něco méně hutné, zdvojnásobte kvásek a nechte těsto déle odpočívat. V naší rodině máme rádi hutný chleba :-)

57. Kompletní bolest

SLOŽENÍ:
- ¾ šálku vody, při pokojové teplotě, rozdělené
- 2 lžíce medu
- 1½ lžičky instantního droždí, rozdělené
- 2¼ šálků celozrnné mouky (nebo mouky T150), rozdělené
- 1½ lžičky košer soli

INSTRUKCE:
a) Udělejte poolish: Ve střední misce smíchejte dohromady ½ šálku vody, med a špetku droždí a poté 1 šálek mouky. Míchejte, dokud se nevytvoří hustá pasta. Přikryjte utěrkou a nechte 2 až 4 hodiny při pokojové teplotě nebo nechte přes noc v chladu. Měla by se zdvojnásobit.

b) Vypracujte těsto: Přidejte zbývající ¼ šálku vody a zbývající droždí do prefermentu, pomocí prstů rozdrobte těsto na tekutinu. Přidejte zbývající 1¼ šálku mouky a sůl a míchejte, dokud se nevytvoří chlupaté těsto, asi 1 minutu. Těsto vyklopte na čistou lavici a hněťte 8 až 10 minut (nebo přeneste do stojanového mixéru a hněťte 6 až 8 minut při nízké rychlosti), dokud nebude hladké, pružné a pružné. Pokud hnětete ručně, odolejte nutkání přidat více mouky; těsto bude přirozeně méně lepivé, když ho budete zpracovávat. Pokud hnětete ručně, vraťte těsto do mísy. Přikryjte utěrkou a nechte 1 hodinu stranou, nebo dokud nezdvojnásobí svůj objem.

c) Vytvarujte a upečte: Lehce pomoučněte lavici a pomocí plastové škrabky na lavici uvolněte těsto z mísy.

d) Pomocí konečků prstů vytáhněte okraje těsta dovnitř a pracujte kolem těsta ve směru hodinových ručiček, dokud nebudou všechny okraje přehnuty do středu. Lehce přitiskněte, aby přilnul.

e) Měli byste vidět, jak se záhyby těsta setkávají ve středu a vytvářejí šev.

f) Překlopte těsto. Obejměte obě ruce kolem základny a pomocí rukojeti stolu přitáhněte kruh směrem k sobě, přičemž se otáčejte, abyste utáhli šev. Přikryjte ručníkem a nechte 5 až 10 minut odpočívat.

g) Konečky prstů jemně přitiskněte kulatý k hrubému oválu. Přehněte horní třetinu těsta směrem k sobě a lehce přitlačte podél švu, aby přilnulo. Těsto znovu převalte směrem k sobě, abyste vytvořili poleno, pomocí paty ruky nebo konečků prstů uzavřete šev. Ujistěte se, že je vaše lavice lehce pomoučená. Nechcete na těsto příliš tlačit, ale ani nechcete, aby těsto místo válení klouzalo. Pokud těsto klouže, odstraňte přebytečnou mouku a lehce si namočte ruce.

h) Opatrně překlopte těsto tak, aby byl šev na dně, a rukama rozkývejte konce bochníku tam a zpět, abyste vytvořili tvar fotbalu.

i) Poté pracujte rukama od středu bochníku směrem k okrajům, abyste ho mírně protáhli na délku asi 8 palců. Přeneste na plech vyložený pečicím papírem.

j) Těsto přikryjte utěrkou a dejte stranou asi 1 hodinu, dokud nebude mít texturu marshmallow-y. Pokud těsto propíchnete, mělo by lehce vyskočit a zanechat zářez. Po 30 minutách kynutí předehřejte troubu na 450 °F.

k) Když je bochník připravený k pečení, podržte kulmu pod úhlem 30 stupňů a ozdobně rýhujte rychlými a lehkými pohyby, abyste vytvořili paralelní diagonální čáry po délce bochníku.

l) Vložte plech do trouby, 4krát nebo 5krát postříkejte bochník vodou a zavřete dvířka. Nastříkejte znovu po 3 minutách pečení a znovu po dalších 3 minutách, pracujte rychle, abyste neztratili teplo v troubě. Pečte celkem 20 až 25 minut, dokud není bochník tmavě zlatohnědý a vnitřní teplota nezaznamená asi 200 °F.

m) Před krájením přendejte bochník na 15 až 20 minut na chladicí mřížku.

58. Pain Aux Noix

SLOŽENÍ:
- 1 ½ šálku vody, při pokojové teplotě
- 3 lžíce medu
- 2 lžičky instantního droždí
- 2⅔ šálků celozrnné mouky (nebo mouky T150)
- 1½ hrnku chlebové mouky (nebo mouky T55)
- 1 lžíce košer soli
- 1½ hrnku nahrubo nasekaných vlašských ořechů

INSTRUKCE:
a) Vypracujte těsto: Ve střední míse smíchejte vodu, med a droždí. Přidejte celozrnnou a chlebovou mouku a sůl. Míchejte, dokud se nespojí chlupaté těsto. Těsto vyklopte na čistou lavici a hněťte 8 až 10 minut (nebo přeneste do stojatého mixéru a hněťte 6 až 8 minut při nízké rychlosti), dokud nebude hladké, pružné a pružné. Protáhněte těsto, abyste zkontrolovali správný vývoj lepku. Pokud se trhá příliš rychle a působí drsně, pokračujte v hnětení, dokud nebude hladké a pružné. Vmasírujte vlašské ořechy.

b) Pokud hnětete ručně, vraťte těsto do mísy. Přikryjte utěrkou a nechte 1 hodinu stát, nebo dokud nezdvojnásobí svůj objem. (Toto načasování se bude lišit v závislosti na teplotě vaší kuchyně.)

c) Lehce si pomoučněte lavici a pomocí plastové škrabky uvolněte těsto z mísy. Těsto rozdělte na dvě části pomocí váhy, abyste zajistili stejnou hmotnost, pokud ji máte.

d) Pomocí konečků prstů stáhněte okraje jednoho kusu těsta dovnitř a pracujte kolem těsta ve směru hodinových ručiček, dokud nebudou všechny okraje přehnuty do středu. Lehce přitiskněte, aby přilnul. Měli byste vidět, jak se záhyby těsta setkávají ve středu a vytvářejí šev. (Dávejte pozor, abyste těsto nehnětli nebo příliš agresivně nevyfukovali.) Otočte kolo. Obejměte obě ruce kolem základny a pomocí rukojeti stolu přitáhněte kruh směrem k sobě, přičemž se otáčejte, abyste utáhli šev. Opakujte se zbývajícím kolem. Přikryjte ručníkem a nechte 5 až 10 minut odpočívat.

e) Pracujte vždy s jedním kolem a jemně jej přitlačte na hrubý ovál. Přehněte horní třetinu těsta směrem k sobě a lehce přitlačte podél švu, aby přilnulo. Těsto znovu převalte směrem k sobě, abyste vytvořili poleno, pomocí paty ruky nebo konečků prstů uzavřete šev. Ujistěte se, že je vaše lavice lehce pomoučená. Nechcete na těsto příliš tlačit, ale ani nechcete, aby klouzalo místo válení. Pokud těsto klouže, odstraňte přebytečnou mouku a lehce si namočte ruce.

f) Opatrně překlopte těsto tak, aby byl šev na dně, a rukama rozkývejte konce bochníku tam a zpět, abyste vytvořili tvar fotbalu.

g) Poté protáhněte ruce od středu každého bochníku směrem k okrajům, abyste je mírně protáhli, dokud nebudou 8 až 10 palců dlouhé. Oba bochníky přendejte na plech vyložený pečicím papírem tak, aby mezi nimi byly rozestupy alespoň pár centimetrů.

h) Přikryjte utěrkou a nechte kynout asi 1 hodinu, nebo dokud nebude mít marshmallow texturu. Pokud těsto propíchnete, mělo by lehce vyskočit a zanechat zářez. Po 30 minutách kynutí předehřejte troubu na 450 °F.

i) Když jsou bochníky připraveny k pečení, podržte kulmu pod úhlem 30 stupňů a ozdobně rýhujte rychlými a lehkými pohyby, abyste vytvořili 2 nebo 3 paralelní diagonální čáry po délce bochníku.

j) Vložte plech do trouby, 4krát nebo 5krát postříkejte vodou a zavřete dvířka. Nastříkejte znovu po 3 minutách pečení a znovu po dalších 3 minutách, pracujte rychle, abyste neztratili teplo v troubě. Pečte celkem 20 až 25 minut, dokud nebudou bochníky tmavě zlatavě hnědé a vnitřní teplota nezaregistruje asi 190 °F.

k) Před krájením přendejte bochníky na 15 až 20 minut na chladicí mřížku.

59. Gibassier

SLOŽENÍ:
- 4 šálky mouky
- 10 g droždí nebo bikarbonátu
- 150 g moučkového blond cukru
- 130 g olivového oleje
- 130 g vlažného bílého vína
- 1 špetka soli
- 1 šálek nastrouhaného zeleného anýzu
- 4 cl pomerančového květu

INSTRUKCE:
a) Droždí rozpusťte v nádobě s trochou teplé vody.
b) Přidáme 500 g mouky a vyhloubíme v ní fontánu.
c) Doprostřed přidejte 130 g olivového oleje, 150 g cukru, 1 špetku soli a 1 polévkovou lžíci a nastrouhaný zelený anýz.
d) Přidejte kvásek, pomerančový květ a těsto dobře promíchejte.
e) Postupně přilévejte vlažné bílé víno, abyste získali hladkou pastu.
f) Těsto rozdělte a vytvarujte 2 malé kousky těsta.
g) Každý kousek těsta rozválejte na malý koláč o tloušťce 1 cm. Položte je na plech vyložený pečicím papírem, válečkem nebo nožem udělejte 5 zářezů a nechte přes noc odležet v troubě.
h) Druhý den předehřejeme troubu na 180°C, posypeme plavým třtinovým cukrem a pečeme 25 až 30 minut.

60. Pain Au Son

SLOŽENÍ:
- 10 g čerstvého pekařského droždí
- 150 g otrub
- 250 g špaldové mouky
- 50 g žitné mouky
- 1 šálek soli

INSTRUKCE:
a) V misce namočte 100 g otrub ve 2 dl vody na 1 hodinu a poté sceďte.
b) Do jiné mísy nasypte 2 mouky a vytvořte fontánu. Vsypte rozdrobené droždí, sůl a poté směs otrub.
c) Vše hněteme 10 až 15 minut, dokud nevznikne konzistentní těsto. Mísu přikryjte vlhkou utěrkou a nechte kynout na teplém místě mimo průvan asi 1:30.
d) Těsto hněteme asi deset minut na pomoučené pracovní ploše a poté vytvarujeme podlouhlý bochník.
e) Troubu předehřejeme na 180°C (th.6).
f) Velkou formu vymažte tukem a vyložte zbytkem otrub.
g) Těsto rozdělte do formy a nechte ještě 30 minut kynout.
h) Chleba pečte asi 50 minut.
i) Necháme vychladnout. Odformovat.

61. Faluche

SLOŽENÍ:
- 4 hrnky univerzální mouky
- 10 g soli
- 10g cukru
- 10 g aktivního sušeného droždí
- 300 ml vlažné vody
- 2 lžíce olivového oleje

INSTRUKCE:

a) Připravte si kvasnicovou směs: V malé misce rozpusťte cukr a droždí ve vlažné vodě. Necháme 5 minut odležet, dokud nezpění.

b) Smíchejte suché ingredience Ve velké míse smíchejte mouku a sůl.

c) Vypracujte těsto: Uprostřed suchých ingrediencí vytvořte důlek a nalijte do něj droždí a olivový olej. Postupně vmíchejte mouku do mokrých surovin, dokud nevznikne těsto.

d) Uhněteme těsto: Těsto přemístíme na pomoučněnou plochu a hněteme 10 minut, dokud nebude hladké a pružné.

e) Necháme kynout: Těsto dáme do lehce olejem vymazané mísy, přikryjeme vlhkou kuchyňskou utěrkou a necháme na teplém místě kynout 1 až 2 hodiny, dokud nezdvojnásobí svůj objem.

f) Předehřejte a tvarujte: Předehřejte troubu na 220 °C (425 °F) a vložte dovnitř pečicí kámen nebo plech, aby se také předehřály. Jakmile těsto vykyne, jemně jej protlačte a vytvarujte z něj kulatý nebo oválný bochník.

g) Konečné kynutí: Vytvarované těsto přeneste na kus pečícího papíru. Přikryjte vlhkou kuchyňskou utěrkou a nechte 15 minut odpočívat.

h) Pečeme: Pečicí papír s těstem opatrně přeneseme na předehřátý pečicí kámen nebo plech. Pečte 15 až 20 minut, dokud faluche nezezlátne a po poklepání na dno nezní dutě.

i) Ochlaďte a vychutnejte si: Vyjměte faluche z trouby a nechte jej vychladnout na mřížce. Po vychladnutí nakrájejte a podávejte podle chuti.

62. Pain De Seigle

SLOŽENÍ:
- 1 ¾ šálku žitné mouky
- 2 hrnky chlebové mouky
- 2 lžičky soli
- 2 lžičky cukru
- 2 ¼ lžičky aktivního sušeného droždí
- 1 ⅓ šálku teplé vody

INSTRUKCE:

a) Ve velké míse smíchejte žitnou mouku, chlebovou mouku, sůl a cukr. Dobře promíchejte, aby se ingredience rovnoměrně rozložily.
b) V malé misce rozpusťte droždí v teplé vodě. Necháme asi 5 minut odležet, dokud nezpění.
c) Do mísy se suchými ingrediencemi nasypeme droždovou směs. Směs mícháme vařečkou nebo rukama, dokud nevznikne lepivé těsto.
d) Těsto přeneste na pomoučněnou plochu a hněťte asi 8-10 minut, dokud nebude hladké a pružné. V případě potřeby přidejte další mouku, abyste zabránili slepení, ale dejte pozor, abyste nepřidávali příliš mnoho.
e) Těsto dejte do lehce vymaštěné mísy a přikryjte čistou kuchyňskou utěrkou nebo plastovou fólií. Nechte ho kynout na teplém místě bez průvanu asi 1 až 1 ½ hodiny, nebo dokud nezdvojnásobí svůj objem.
f) Jakmile těsto vykyne, jemně ho vyfoukněte tak, že na něj zatlačíte konečky prstů. Z těsta vytvarujte kulatý bochník nebo jej vložte do vymazané ošatky.
g) Těsto volně přikryjte kuchyňskou utěrkou a nechte kynout dalších 30–45 minut, nebo dokud se mírně nenafoukne.
h) Mezitím si předehřejte troubu na 220 °C (425 °F). Pokud používáte pečicí kámen, vložte jej do trouby během předehřívání.
i) Jakmile těsto vykyne, sejměte utěrku a bochník přeneste na plech nebo přímo na předehřátý pečicí kámen.
j) Pečte pain de seigle asi 35–40 minut, nebo dokud není kůrka sytě zlatohnědá a bochník zní dutě, když poklepete na dno.
k) Vyjměte chléb z trouby a před krájením a podáváním jej nechte vychladnout na mřížce.
l) Užijte si svůj domácí pain de seigle s jeho bohatou chutí a uspokojivou texturou!

63. Miche

SLOŽENÍ:
- 4 hrnky chlebové mouky
- ¾ šálku celozrnné mouky
- 2 lžičky soli
- 2 ¼ lžičky aktivního sušeného droždí
- 1 ½ šálku teplé vody

INSTRUKCE:
a) Ve velké míse smíchejte chlebovou mouku, celozrnnou mouku a sůl. Dobře promíchejte, aby se ingredience rovnoměrně rozložily.
b) V malé misce rozpusťte droždí v teplé vodě. Necháme asi 5 minut odležet, dokud nezpění.
c) Do mísy se suchými ingrediencemi nasypeme droždʼovou směs. Směs mícháme vařečkou nebo rukama, dokud nevznikne lepivé těsto.
d) Těsto přeneste na pomoučněnou plochu a hněťte asi 8-10 minut, dokud nebude hladké a pružné. V případě potřeby přidejte další mouku, abyste zabránili slepení, ale dejte pozor, abyste nepřidávali příliš mnoho.
e) Těsto dejte do lehce vymaštěné mísy a přikryjte čistou kuchyňskou utěrkou nebo plastovou fólií. Nechte ho kynout na teplém místě bez průvanu asi 1 až 1 ½ hodiny, nebo dokud nezdvojnásobí svůj objem.
f) Jakmile těsto vykyne, jemně ho vyfoukněte tak, že na něj zatlačíte konečky prstů. Těsto vytvarujte do kulatého bochníku tak, že okraje zastrčíte pod něj a krouživými pohyby jím otáčíte.
g) Vytvarovanou miche položte na plech vyložený pečicím papírem. Volně přikryjte kuchyňskou utěrkou a nechte kynout dalších 30–45 minut, nebo dokud se mírně nenafoukne.
h) Mezitím si předehřejte troubu na 220 °C (425 °F) a na spodní rošt umístěte mělkou pánev s horkou vodou. Tím se v troubě vytvoří pára, která pomůže dosáhnout křupavé kůrky.
i) Jakmile miche dokyne, sejměte utěrku a plech opatrně přesuňte do předehřáté trouby. Pečte asi 35–40 minut nebo dokud není bochník zlatavě hnědý a po poklepání na dno zní dutě.
j) Před krájením a podáváním miche vyjměte z trouby a nechte vychladnout na mřížce.

ITALSKÝ CHLÉB

64. Grissini Alle Erbe

SLOŽENÍ:
- 1 bochník francouzského chleba, (8 uncí)
- 1 lžíce olivového oleje
- 1 stroužek česneku, rozpůlený
- ¾ lžičky sušeného oregana
- ¾ čajové lžičky sušené bazalky
- ⅛ lžičky soli

INSTRUKCE:
a) Chléb rozkrojte příčně napůl a každý kousek vodorovně napůl.
b) Potřete rovnoměrně nakrájené strany chleba olejem; potřít česnekem. Chléb posypte oreganem, bazalkou a solí. Každý kousek chleba nakrájejte podélně na 3 tyčinky.
c) Umístěte tyčinky na plech; pečeme při 300 stupních 25 minut nebo dokřupava.

65. Pane Pugliese

SLOŽENÍ:
- 4 hrnky chlebové mouky
- 1 ½ lžičky aktivního sušeného droždí
- 2 šálky teplé vody
- 2 lžičky soli
- Extra panenský olivový olej (na mazání)
- kukuřičná mouka (na posypání)

INSTRUKCE:

a) V malé misce rozpusťte droždí v ½ šálku teplé vody. Necháme asi 5 minut odležet, nebo dokud nezpění.
b) Ve velké míse smíchejte chlebovou mouku a sůl.
c) Uprostřed moučné směsi udělejte důlek a nalijte do něj droždí a zbylou teplou vodu.
d) Ingredience míchejte dohromady, dokud nevznikne husté těsto.
e) Těsto přeneste na pomoučněnou plochu a hněťte asi 10–15 minut, nebo dokud nebude hladké a pružné. V případě potřeby přidejte ještě trochu mouky, aby se nelepilo.
f) Těsto dejte do vymazané mísy, přikryjte čistou utěrkou a nechte na teplém místě kynout asi 1-2 hodiny, nebo dokud nezdvojnásobí svůj objem.
g) Předehřejte troubu na 425 °F (220 °C). Pokud máte pečicí kámen, vložte jej do trouby, aby se také předehřál.
h) Jakmile těsto vykyne, jemně ho promáčkněte, aby se uvolnily vzduchové bubliny. Vytvarujte z něj kulatý nebo oválný bochník.
i) Vytvarovaný bochník položte na plech nebo slupku od pizzy poprášenou maizenou. Zabráníte tak přilepení chleba.
j) Přikryjte bochník čistou kuchyňskou utěrkou a nechte kynout dalších 30–45 minut, nebo dokud se mírně nenafoukne.
k) Ostrým nožem udělejte na horní části bochníku několik mělkých řezů. To pomůže chlebu expandovat a vytvořit krásnou kůrku.
l) Přeneste bochník na předehřátý pečicí kámen nebo přímo na plech, pokud kámen nepoužíváte.
m) Chleba pečte v předehřáté troubě asi 30–35 minut, nebo dokud nezezlátne a po poklepání na dno nezní dutě.
n) Po upečení vyjměte Pane Pugliese z trouby a nechte vychladnout na mřížce.

66. Grissini

SLOŽENÍ:
- 2 hrnky chlebové mouky
- 1 lžička soli
- 1 lžička cukru
- 1 lžíce olivového oleje
- ¾ šálku teplé vody
- Volitelně: sezamová semínka nebo mák na posypání

INSTRUKCE:

a) V míse smíchejte chlebovou mouku, sůl a cukr. Dobře promíchejte, aby se ingredience rovnoměrně rozložily.

b) Uprostřed suchých surovin udělejte důlek a zalijte olivovým olejem a teplou vodou.

c) Směs mícháme vařečkou nebo rukama, dokud se nespojí a vytvoří těsto.

d) Těsto přendejte na pomoučněnou plochu a hněťte asi 5-7 minut, dokud nebude hladké a pružné.

e) Těsto rozdělte na menší porce. Vezměte jednu porci po druhé a vyválejte ji do tvaru tenkého provazu o průměru asi ¼ palce.

f) Vyválené těsto nakrájejte na 8-10 palců dlouhé tyčinky. Můžete je zkrátit nebo prodloužit podle vašich preferencí.

g) Grissini tyčinky položte na plech vyložený pečicím papírem. Mezi tyčinkami ponechte určitý prostor, aby se mohly roztáhnout.

h) Pokud chcete, můžete tyčinky grissini potřít olivovým olejem a navrch posypat sezamovými semínky nebo mákem pro větší chuť a texturu.

i) Předehřejte troubu na 400 °F (200 °C).

j) Grissini tyčinky necháme odpočinout a kynout asi 15-20 minut.

k) Grissini pečte v předehřáté troubě asi 15–20 minut, nebo dokud nezezlátnou a nebudou křupavé.

l) Po upečení vyjměte grissini z trouby a nechte je vychladnout na mřížce.

67. Pane Pita

SLOŽENÍ:
- 3 šálky nebělené víceúčelové mouky
- 2 lžičky instantního droždí
- 2 lžičky Easy Roll Zlepšovák těsta
- 2 lžičky krystalového cukru
- 1 ½ lžičky soli
- 1 šálek vody
- 2 lžíce rostlinného oleje

INSTRUKCE:

a) Zvažte mouku; nebo jej jemným nabíráním lžičkou do šálku a poté smetením přebytečného množství. Smíchejte mouku se zbytkem ingrediencí a promíchejte, abyste vytvořili chlupaté/hrubé těsto.

b) Těsto hněteme ručně (10 minut) nebo mixérem (5 minut) nebo v pekárně (nastavené na cyklus těsta), dokud není hladké.

c) Těsto dejte do lehce vymazané mísy a nechte 1 hodinu odpočívat; bude to docela nafouklé, i když se nemusí zdvojnásobit. Pokud jste použili pekárnu na chleba, jednoduše nechte stroj dokončit svůj cyklus.

d) Těsto vyklopte na lehce naolejovanou pracovní plochu a rozdělte na 8 dílů.

68.Pane Al Farro

SLOŽENÍ:

- 500 g mouky
- 300 g špaldové mouky (celozrnné)
- 350 ml vody
- 25 g olivového oleje (extra panenský)
- 20 g pivovarských kvasnic (čerstvých)
- 20 g soli
- 1 lžička ječného sladu (volitelně)
- 100 g semínek (smíchané)

INSTRUKCE:

a) Pro přípravu špaldového chleba začněte rozpuštěním rozdrobených pivovarských kvasnic v troše vody pokojové teploty.

b) Do mísy dejte obě mouky a ječný slad a smíchejte suché ingredience. Poté přidejte vodu, ve které jste rozpustili droždí a olivový olej.

c) Přidejte více vody; Doporučuji nepřidávat vodu najednou, nemusí to být nutné, protože to může ještě chvíli trvat, záleží na vstřebávání mouky, kterou používáte. Poté začněte zpracovávat těsto pomocí háku planetového mixéru a upravte přidáním vody, budete muset získat kompaktní těsto (kompaktnější než na pizzu, abych tak řekl). Na konci zpracování přidáme sůl a znovu prohněteme. Nakonec přidejte rozmixovaná semínka a znovu propracujte, aby se dobře rozprostřela v těstě

d) Hnětení dokončete ručně na plechu a těsto dejte do kulovitého tvaru, vložte do velké vymaštěné mísy, přikryjte igelitem a nechte kynout na chráněném teplém místě (vypnutá trouba se zapnutým světlem postačí). Necháme kynout alespoň 3-4 hodiny nebo do zdvojnásobení objemu.

e) Po vykynutí těsto znovu vezměte, vyklopte a přendejte na pekařskou desku, vyrovnejte a udělejte 3 záhyby, skládání jako knihu dá další impuls druhému kynutí. Nyní položte chléb na list pergamenu uzávěrem dolů a vložte jej do košíku, aby vykynul.

f) Po hodině chléb vykyne, zahřejte troubu na 240° s pečicím plechem uvnitř. Když dosáhne správné teploty, umístěte chléb (s veškerým pečicím papírem) přímo na plech, který byl předehřátý v troubě a pečte chléb na nejnižší polici.

g) Chcete-li získat efekt křupavé kůrky, pečte chléb při 240° po dobu 15 minut, poté snižte teplotu na 180° a pokračujte ve vaření dalších 30 minut, nakonec opět zvyšte na 200° na 10 minut. Když je chléb hotový, vyndejte ho z trouby a přendejte na mřížku, aby vychladl.

h) Sloužit

69.F ocaccia

SLOŽENÍ:
- 2¼ čajové lžičky aktivního sušeného droždí
- 3 šálky chlebové mouky
- ½ lžičky soli
- ½ lžičky cukru
- 1 šálek vody; Plus
- 2 lžíce vody
- 1 lžíce olivového oleje
- 2 lžíce extra panenského olivového oleje
- 2 lžičky hrubé soli
- Čerstvě mletý černý pepř

INSTRUKCE:
STROJOVÝ POSTUP
a) Přidejte přísady, kromě polevy, v pořadí uvedeném v návodu k obsluze vaší pekárny. Nastavte pekárnu na těsto/ruční nastavení. Na konci programu stiskněte clear/stop. Chcete-li těsto prorazit, stiskněte start a nechte hníst 60 sekund. Stiskněte znovu clear/stop. Těsto vyjměte a před ručním tvarováním nechte 5 minut odpočinout.

b) Pokud vaše pekárna nemá nastavení na těsto/ruční nastavení, postupujte podle normálního postupu při pečení chleba, ale těsto nechte hníst pouze jednou. Na konci hnětacího cyklu stiskněte clear/stop. Nechte těsto kynout 60 minut a po prvních 30 minutách zkontrolujte, zda těsto nevykyne a nedotýká se víka. Stiskněte start a nechte stroj běžet po dobu 60 sekund, aby se těsto prorazilo.

c) Stiskněte znovu clear/stop. Těsto vyjměte a před ručním tvarováním nechte 5 minut odpočinout.

TECHNIKA RUČNÍHO TVAROVÁNÍ:
d) Posypte ruce moukou. Konečky prstů těsto rovnoměrně rozprostřete do pekáče o rozměrech 13 x 9 x 1 palce lehce vymazaného olejem. Přikryjte čistou kuchyňskou utěrkou.

e) Necháme kynout, dokud nezdvojnásobí výšku, asi 30 až 60 minut.

f) Předehřejte troubu na 400 F.

g) Do povrchu kynutého těsta udělejte konečky prstů lehké zářezy. Potřete extra panenským olivovým olejem a posypte hrubou solí a černým pepřem.

h) Pečte na spodní mřížce trouby přibližně 30 až 35 minut nebo do zlatohněda. Nechte vychladnout na pánvi.

i) Nakrájejte na dvanáct stejných kousků a podávejte při pokojové teplotě.

70.Focaccia Di Mele

SLOŽENÍ:
TĚSTO:
- 1 malé jablko zbavené jádřinců a rozčtvrcené
- 2 hrnky nebělené bílé mouky
- ¼ lžičky skořice
- 1 lžíce cukru nebo 2 t medu
- 1 Scant t rychle kynoucí kvasnice
- ¼ lžičky soli
- ⅓ až ½ šálku horké vody z vodovodu
- ⅓ šálku rozinek

PLNICÍ:
- 4 střední jablka
- Šťáva z ½ citronu
- Špetka bílého pepře
- Zaštípněte hřebíček
- Špetka kardamomu
- Špetka muškátového oříšku
- Špetka mletého zázvoru
- 1 lžička vanilkového extraktu
- ⅓ Šálek cukru nebo medu
- ½ šálku hnědého cukru nebo
- 2 polévkové lžíce melasy
- 1 lžička kukuřičného škrobu

GLAZURA:
- 2 polévkové lžíce meruňkového džemu nebo zavařeniny
- 1 lžička vody

INSTRUKCE:
TĚSTO:
a) Rozčtvrcené jablko zpracujte v kuchyňském robotu asi 20 sekund; přeneste do samostatné misky.

b) Přidejte do kuchyňského robotu 2 šálky mouky, skořice, cukru nebo medu, droždí a soli; proces 5 sekund. Přidejte zpracované jablko; proces po dobu dalších 5 sekund.

c) Při běžícím procesoru postupně přidávejte ⅓ šálku horké vody skrz podavač. Zastavte stroj a nechte těsto asi 20 sekund odpočinout. Pokračujte ve zpracovávání a postupně přidávejte vodu přes plnicí trubici, dokud těsto nevytvoří měkkou kouli a stěny mísy nebudou čisté. Pulsujte 2 nebo 3krát vícekrát.

d) Na čistý povrch nasypte rozinky a 1 lžíci mouky. Vyklopte těsto na povrch a hněťte asi 1 minutu, aby se do něj přidaly rozinky. Pokud je těsto velmi lepivé, přidejte mouku.

e) Lehce mouka uvnitř plastového sáčku. Těsto vložte do sáčku, uzavřete a nechte 15 až 20 minut odpočívat na teplém a tmavém místě.

f) Těsto vyválejte do kruhu o průměru 12 až 14 palců. Vložíme do olejem vymazané pánve nebo pekáče.

g) Přikryjte kuchyňskou utěrkou a odložte na teplé místo, zatímco budete připravovat náplň.

h) Předehřejte troubu na 400 stupňů.

PLNICÍ:

i) Jablka zbavte jádřince a nakrájejte na tenké plátky. Plátky jablka pokapeme citronovou šťávou. Přidejte zbývající přísady na náplň a dobře promíchejte.

j) Lžící plnění do těsta. Pečte 20 minut, poté otočte pánev o 180 stupňů. Snižte teplotu trouby na 375 stupňů a pečte dalších 20 minut, nebo dokud jablka nezhnědnou. Ochlaďte na pánvi 5 minut. Vyjměte z pánve a důkladně vychlaďte na mřížce.

GLAZURA:

k) V malém hrnci rozpusťte džem nebo zavařeniny. Přidejte vodu a za intenzivního míchání přiveďte k varu. Potřeme polevou jablka a podáváme.

71. Schiacciata

SLOŽENÍ:
- 4 hrnky chlebové mouky
- 2 lžičky instantního droždí
- 2 lžičky soli
- 1 ½ šálku vlažné vody
- Extra panenský olivový olej
- Hrubá mořská sůl
- Volitelné: Čerstvý rozmarýn nebo jiné bylinky

INSTRUKCE:

a) Ve velké míse smíchejte chlebovou mouku, instantní droždí a sůl. Dobře promíchejte.

b) Postupně přidávejte vlažnou vodu k suchým ingrediencím a míchejte lžící nebo rukama, dokud nevznikne lepivé těsto.

c) Těsto přeneste na lehce pomoučněnou plochu a hněťte asi 5 minut, dokud nebude hladké a pružné.

d) Uhnětené těsto dejte do lehce olejem vymazané mísy, přikryjte čistou kuchyňskou utěrkou a nechte na teplém místě kynout asi 1–2 hodiny, nebo dokud nezdvojnásobí svůj objem.

e) Jakmile těsto vykyne, opatrně ho vyfoukněte a přeneste na plech vyložený pečicím papírem.

f) Rukama přitlačte a natáhněte těsto tak, aby se vešlo na plech, vytvořte obdélníkový nebo oválný tvar. Těsto by mělo být tlusté asi ½ palce.

g) Povrch těsta hojně pokapejte olivovým olejem a rovnoměrně jej rozetřete rukama.

h) Vršek posypte hrubou mořskou solí a lehce ji zatlačte do těsta.

i) Volitelné: Je-li to žádoucí, posypte povrch schiacciaty listy čerstvého rozmarýnu nebo jiných bylinek.

j) Plech přikryjte kuchyňskou utěrkou a nechte těsto ještě 30 minut kynout.

k) Předehřejte troubu na 220 °C (425 °F).

l) Jakmile těsto vykyne, vložte plech do předehřáté trouby a pečte asi 15–20 minut, nebo dokud schiacciata nezezlátne a na okrajích křupe.

m) Schiacciatu vyjměte z trouby a před krájením a podáváním ji nechte mírně vychladnout na mřížce.

72. Pane Di Altamura

SLOŽENÍ:
- 4 šálky mouky z tvrdé pšenice (Semola di grano duro rimacinata)
- 1 ½ šálku vlažné vody
- 2 lžičky soli
- 1 lžička cukru
- 2 lžičky čerstvého droždí (nebo 1 lžička instantního droždí)
- Extra panenský olivový olej (na mazání)

INSTRUKCE:

a) Ve velké míse smíchejte mouku z tvrdé pšenice, sůl a cukr. Dobře promíchejte.

b) Čerstvé droždí rozpusťte ve vlažné vodě (nebo postupujte podle návodu, pokud používáte instantní droždí) a nechte pár minut uležet, dokud nezpění.

c) Uprostřed moučné směsi udělejte důlek a nalijte do něj droždí.

d) Ingredience postupně promíchejte, buď lžící nebo rukama, dokud nevznikne lepivé těsto.

e) Těsto přeneste na lehce pomoučněnou plochu a hněťte asi 10 minut, dokud nebude hladké a pružné.

f) Z těsta vytvarujte kulatou kouli a vložte ji do lehce olejem vymazané mísy. Mísu přikryjte čistou kuchyňskou utěrkou a nechte na teplém místě kynout asi 2–3 hodiny, nebo dokud nezdvojnásobí svůj objem.

g) Jakmile těsto vykyne, opatrně ho vyfoukněte a přeneste na plech vyložený pečicím papírem.

h) Z těsta vytvarujte kulatý nebo oválný bochník, dejte mu hladký povrch.

i) Ostrým nožem nebo žiletkou udělejte na bochníku šikmé řezy nebo křížový vzor.

j) Bochník přikryjte čistou kuchyňskou utěrkou a nechte kynout další 1-2 hodiny, nebo dokud se viditelně neroztáhne.

k) Předehřejte troubu na 220 °C (425 °F).

l) Jakmile bochník vykyne, vložte jej do předehřáté trouby a pečte asi 40–45 minut, nebo dokud chléb nevytvoří zlatohnědou kůrku a při poklepání na dno zní dutě.

m) Před krájením a podáváním vyndejte Pane di Altamura z trouby a nechte vychladnout na mřížce.

73. Pane Casareccio

SLOŽENÍ:
- 4 hrnky chlebové mouky
- 2 lžičky instantního droždí
- 2 lžičky soli
- 1 ½ šálku vlažné vody
- Extra panenský olivový olej (na mazání)

INSTRUKCE:
a) Ve velké míse smíchejte chlebovou mouku, instantní droždí a sůl. Dobře promíchejte.
b) K suchým surovinám postupně přidávejte vlažnou vodu a míchejte lžící nebo rukama, dokud nevznikne těsto.
c) Těsto přeneste na lehce pomoučněnou plochu a hněťte asi 10 minut, dokud nebude hladké a pružné.
d) Z těsta vytvarujte kulatou kouli a vložte ji do lehce olejem vymazané mísy. Mísu přikryjte čistou kuchyňskou utěrkou a nechte na teplém místě kynout asi 1-2 hodiny, nebo dokud nezdvojnásobí svůj objem.
e) Jakmile těsto vykyne, opatrně ho vyfoukněte a přeneste na plech vyložený pečicím papírem.
f) Z těsta vytvarujte kulatý nebo oválný bochník, který mu dodá rustikální vzhled. Těsto můžete také rozdělit na menší části, abyste vytvořili bochníky individuální velikosti.
g) Bochník přikryjte čistou kuchyňskou utěrkou a nechte kynout další 1-2 hodiny, nebo dokud se viditelně neroztáhne.
h) Předehřejte troubu na 220 °C (425 °F).
i) Volitelné: Před pečením lehce narýhujte horní část bochníku ostrým nožem nebo žiletkou, abyste vytvořili ozdobný vzor.
j) Plech s bochníkem vložíme do předehřáté trouby a pečeme asi 30–35 minut, nebo dokud chléb nevytvoří zlatohnědou kůrku a při poklepání na dno zní dutě.
k) Vyjměte Pane Casareccio z trouby a před krájením a podáváním jej nechte vychladnout na mřížce.

74. Pane Toscano

SLOŽENÍ:

- 4 hrnky chlebové mouky
- 2 lžičky instantního droždí
- 1 ½ šálku vlažné vody
- Extra panenský olivový olej (na mazání)

INSTRUKCE:

a) Ve velké míse smíchejte chlebovou mouku a instantní droždí. Dobře promíchejte.

b) Postupně přidávejte vlažnou vodu k suchým ingrediencím a míchejte lžící nebo rukama, dokud nevznikne lepivé těsto.

c) Těsto přeneste na lehce pomoučněnou plochu a hněťte asi 10 minut, dokud nebude hladké a pružné.

d) Z těsta vytvarujte kulatou kouli a vložte ji do lehce olejem vymazané mísy. Mísu přikryjte čistou kuchyňskou utěrkou a nechte na teplém místě kynout asi 1-2 hodiny, nebo dokud nezdvojnásobí svůj objem.

e) Jakmile těsto vykyne, opatrně ho vyfoukněte a přeneste na plech vyložený pečicím papírem.

f) Z těsta vytvarujte kulatý nebo oválný bochník, který mu dodá rustikální vzhled.

g) Bochník přikryjte čistou kuchyňskou utěrkou a nechte kynout další 1-2 hodiny, nebo dokud se viditelně neroztáhne.

h) Předehřejte troubu na 220 °C (425 °F).

i) Volitelné: Před pečením lehce narýhujte horní část bochníku ostrým nožem nebo žiletkou, abyste vytvořili ozdobný vzor.

j) Plech s bochníkem vložíme do předehřáté trouby a pečeme asi 30–35 minut, nebo dokud chléb nevytvoří zlatohnědou kůrku a při poklepání na dno zní dutě.

k) Vyjměte Pane Toscano z trouby a před krájením a podáváním jej nechte vychladnout na mřížce.

75. Pane Di Semola

SLOŽENÍ:
- 4 šálky semolinové mouky
- 2 lžičky instantního droždí
- 2 lžičky soli
- 1 ½ šálku vlažné vody
- Extra panenský olivový olej (na mazání)

INSTRUKCE:

a) Ve velké míse smíchejte mouku z krupice, instantní droždí a sůl. Dobře promíchejte.

b) Postupně přidávejte vlažnou vodu k suchým ingrediencím a míchejte lžící nebo rukama, dokud nevznikne lepivé těsto.

c) Těsto přeneste na lehce pomoučněnou plochu a hněťte asi 10 minut, dokud nebude hladké a pružné.

d) Z těsta vytvarujte kulatou kouli a vložte ji do lehce olejem vymazané mísy. Mísu přikryjte čistou kuchyňskou utěrkou a nechte na teplém místě kynout asi 1-2 hodiny, nebo dokud nezdvojnásobí svůj objem.

e) Jakmile těsto vykyne, opatrně ho vyfoukněte a přeneste na plech vyložený pečicím papírem.

f) Z těsta vytvarujte kulatý nebo oválný bochník, který mu dodá rustikální vzhled.

g) Bochník přikryjte čistou kuchyňskou utěrkou a nechte kynout další 1-2 hodiny, nebo dokud se viditelně neroztáhne.

h) Předehřejte troubu na 220 °C (425 °F).

i) Volitelné: Před pečením lehce narýhujte horní část bochníku ostrým nožem nebo žiletkou, abyste vytvořili ozdobný vzor.

j) Plech s bochníkem vložíme do předehřáté trouby a pečeme asi 30–35 minut, nebo dokud chléb nevytvoří zlatohnědou kůrku a při poklepání na dno zní dutě.

k) Před krájením a podáváním vyndejte Pane di Semola z trouby a nechte vychladnout na mřížce.

76.Pane Al Pomodoro

SLOŽENÍ:
- 4 hrnky chlebové mouky
- 2 lžičky instantního droždí
- 2 lžičky soli
- 250 ml (1 šálek) vlažné vody
- 2 lžíce rajčatového protlaku nebo pasírovaných rajčat
- 2 lžíce extra panenského olivového oleje
- Sušené bylinky, jako je oregano, bazalka nebo tymián (volitelné)

INSTRUKCE:

a) Ve velké míse smíchejte chlebovou mouku, instantní droždí a sůl. Dobře promíchejte.

b) V samostatné misce rozpusťte rajčatový protlak nebo rajčata protlak ve vlažné vodě, dokud se dobře nespojí.

c) Přidejte směs rajčat a vody a olivový olej k suchým přísadám. Míchejte vařečkou nebo stojanovým mixérem s hákem na těsto, dokud nevznikne lepivé těsto.

d) Těsto přeneste na lehce pomoučněnou plochu a hněťte asi 10 minut, dokud nebude hladké a pružné.

e) Těsto dejte do lehce olejem vymazané mísy, přikryjte čistou kuchyňskou utěrkou a nechte na teplém místě kynout asi 1–2 hodiny, nebo dokud nezdvojnásobí svůj objem.

f) Jakmile těsto vykyne, opatrně ho vyfoukněte a přeneste na plech vyložený pečicím papírem.

g) Z těsta vytvarujte kulatý nebo oválný bochník, který mu dodá rustikální vzhled.

h) Bochník přikryjte čistou kuchyňskou utěrkou a nechte kynout další 1-2 hodiny, nebo dokud se viditelně neroztáhne.

i) Předehřejte troubu na 220 °C (425 °F).

j) Volitelné: Před pečením potřete vršek bochníku olivovým olejem a navrch posypte sušenými bylinkami pro větší chuť a vůni.

k) Plech s bochníkem vložíme do předehřáté trouby a pečeme asi 30–35 minut, nebo dokud chléb nevytvoří zlatohnědou kůrku a při poklepání na dno zní dutě.

l) Vyjměte Pane al Pomodoro z trouby a před krájením a podáváním jej nechte vychladnout na mřížce.

77. Pane Alle Olive

SLOŽENÍ:

- 4 hrnky chlebové mouky
- 2 lžičky instantního droždí
- 2 lžičky soli
- 300 ml (1 ¼ šálku) vlažné vody
- 100 g (¾ šálku) vypeckovaných černých nebo zelených oliv, nasekaných nebo nakrájených na plátky
- 2 lžíce extra panenského olivového oleje

INSTRUKCE:

a) Ve velké míse smíchejte chlebovou mouku, instantní droždí a sůl. Dobře promíchejte.
b) Postupně přidávejte vlažnou vodu k suchým ingrediencím a míchejte lžící nebo rukama, dokud nevznikne lepivé těsto.
c) Přidejte nakrájené nebo nakrájené olivy do těsta a několik minut hněťte, dokud nejsou rovnoměrně rozložené.
d) Těsto přeneste na lehce pomoučněnou plochu a pokračujte v hnětení asi 10 minut, dokud nebude hladké a pružné.
e) Těsto dejte do lehce olejem vymazané mísy, přikryjte čistou kuchyňskou utěrkou a nechte na teplém místě kynout asi 1–2 hodiny, nebo dokud nezdvojnásobí svůj objem.
f) Jakmile těsto vykyne, opatrně ho vyfoukněte a přeneste na plech vyložený pečicím papírem.
g) Z těsta vytvarujte kulatý nebo oválný bochník nebo můžete vytvořit tradiční tvar „ciabatta" tak, že těsto lehce zploštíte a prodloužíte.
h) Bochník přikryjte čistou kuchyňskou utěrkou a nechte kynout další 1-2 hodiny, nebo dokud se viditelně neroztáhne.
i) Předehřejte troubu na 220 °C (425 °F).
j) Vršek bochníku pokapejte extra panenským olivovým olejem.
k) Plech s bochníkem vložíme do předehřáté trouby a pečeme asi 30–35 minut, nebo dokud chléb nevytvoří zlatohnědou kůrku a při poklepání na dno zní dutě.
l) Před krájením a podáváním vyndejte Pane alle Olive z trouby a nechte vychladnout na mřížce.

78.Pane Alle Noci

SLOŽENÍ:
- 4 hrnky chlebové mouky
- 2 lžičky instantního droždí
- 2 lžičky soli
- 300 ml (1 ¼ šálku) vlažné vody
- 100 g (1 šálek) vlašských ořechů, nasekaných
- 2 lžíce extra panenského olivového oleje

INSTRUKCE:

a) Ve velké míse smíchejte chlebovou mouku, instantní droždí a sůl. Dobře promíchejte.

b) Postupně přidávejte vlažnou vodu k suchým ingrediencím a míchejte lžící nebo rukama, dokud nevznikne lepivé těsto.

c) Do těsta přidejte nasekané vlašské ořechy a několik minut hněťte, dokud nejsou rovnoměrně rozložené.

d) Těsto přeneste na lehce pomoučněnou plochu a pokračujte v hnětení asi 10 minut, dokud nebude hladké a pružné.

e) Těsto dejte do lehce olejem vymazané mísy, přikryjte čistou kuchyňskou utěrkou a nechte na teplém místě kynout asi 1–2 hodiny, nebo dokud nezdvojnásobí svůj objem.

f) Jakmile těsto vykyne, opatrně ho vyfoukněte a přeneste na plech vyložený pečicím papírem.

g) Z těsta vytvarujte kulatý nebo oválný bochník.

h) Bochník přikryjte čistou kuchyňskou utěrkou a nechte kynout další 1-2 hodiny, nebo dokud se viditelně neroztáhne.

i) Předehřejte troubu na 220 °C (425 °F).

j) Vršek bochníku pokapejte extra panenským olivovým olejem.

k) Plech s bochníkem vložíme do předehřáté trouby a pečeme asi 30–35 minut, nebo dokud chléb nevytvoří zlatohnědou kůrku a při poklepání na dno zní dutě.

l) Před krájením a podáváním vyndejte Pane alle Noci z trouby a nechte vychladnout na mřížce.

79.Pane Alle Erbe

SLOŽENÍ:
- 4 hrnky chlebové mouky
- 2 lžičky instantního droždí
- 2 lžičky soli
- 300 ml (1 ¼ šálku) vlažné vody
- 2 lžíce extra panenského olivového oleje
- 2 lžíce smíchaných čerstvých bylinek (jako je rozmarýn, tymián, bazalka, oregano, petržel), jemně nasekané

INSTRUKCE:
a) Ve velké míse smíchejte chlebovou mouku, instantní droždí a sůl. Dobře promíchejte.
b) Postupně přidávejte vlažnou vodu k suchým ingrediencím a míchejte lžící nebo rukama, dokud nevznikne lepivé těsto.
c) Do těsta přidejte nasekané čerstvé bylinky a několik minut hněťte, dokud nejsou rovnoměrně rozložené.
d) Těsto přeneste na lehce pomoučněnou plochu a pokračujte v hnětení asi 10 minut, dokud nebude hladké a pružné.
e) Těsto dejte do lehce olejem vymazané mísy, přikryjte čistou kuchyňskou utěrkou a nechte na teplém místě kynout asi 1–2 hodiny, nebo dokud nezdvojnásobí svůj objem.
f) Jakmile těsto vykyne, opatrně ho vyfoukněte a přeneste na plech vyložený pečicím papírem.
g) Z těsta vytvarujte kulatý nebo oválný bochník.
h) Bochník přikryjte čistou kuchyňskou utěrkou a nechte kynout další 1-2 hodiny, nebo dokud se viditelně neroztáhne.
i) Předehřejte troubu na 220 °C (425 °F).
j) Vršek bochníku pokapejte extra panenským olivovým olejem.
k) Plech s bochníkem vložíme do předehřáté trouby a pečeme asi 30–35 minut, nebo dokud chléb nevytvoří zlatohnědou kůrku a při poklepání na dno zní dutě.
l) Před krájením a podáváním vyndejte Pane alle Erbe z trouby a nechte vychladnout na mřížce.

80. Pane Di Riso

SLOŽENÍ:
- 1 šálek vařené rýže
- 4 hrnky chlebové mouky
- 2 lžičky instantního droždí
- 2 lžičky soli
- 1 šálek vlažné vody
- 2 lžíce extra panenského olivového oleje

INSTRUKCE:

a) Ve velké míse smíchejte chlebovou mouku, instantní droždí a sůl. Dobře promíchejte.

b) Uvařenou rýži přidejte k suchým surovinám a promíchejte, aby se rovnoměrně rozprostřela.

c) Ke směsi postupně přidávejte vlažnou vodu a míchejte lžící nebo rukama, dokud nevznikne lepivé těsto.

d) Těsto přeneste na lehce pomoučněnou plochu a hněťte asi 10 minut, dokud nebude hladké a pružné.

e) Těsto dejte do lehce olejem vymazané mísy, přikryjte čistou kuchyňskou utěrkou a nechte na teplém místě kynout asi 1–2 hodiny, nebo dokud nezdvojnásobí svůj objem.

f) Jakmile těsto vykyne, opatrně ho vyfoukněte a přeneste na plech vyložený pečicím papírem.

g) Z těsta vytvarujte kulatý nebo oválný bochník.

h) Bochník přikryjte čistou kuchyňskou utěrkou a nechte kynout další 1-2 hodiny, nebo dokud se viditelně neroztáhne.

i) Předehřejte troubu na 220 °C (425 °F).

j) Vršek bochníku pokapejte extra panenským olivovým olejem.

k) Plech s bochníkem vložíme do předehřáté trouby a pečeme asi 30–35 minut, nebo dokud chléb nevytvoří zlatohnědou kůrku a při poklepání na dno zní dutě.

l) Před krájením a podáváním vyndejte Pane di Riso z trouby a nechte vychladnout na mřížce.

81.Pane Di Ceci

SLOŽENÍ:
- 1½ hrnku cizrnové mouky
- 1 ¾ šálku vody
- 3 lžíce extra panenského olivového oleje
- 1 lžička soli
- Čerstvý rozmarýn nebo jiné bylinky (volitelné)

INSTRUKCE:

a) V míse smíchejte cizrnovou mouku a vodu. Dobře šlehejte, dokud nebude směs hladká a bez hrudek. Nechte alespoň 1 hodinu nebo až přes noc odležet, aby mouka hydratovala.

b) Předehřejte troubu na 220 °C (425 °F) a do trouby vložte velkou litinovou pánev nebo zapékací mísu, aby se zahřála.

c) Po době odležení seberte veškerou pěnu, která se mohla vytvořit na povrchu cizrnového těsta.

d) Přidejte olivový olej a sůl do těsta a šlehejte, dokud se dobře nespojí.

e) Vyjměte nahřátou pánev nebo zapékací mísu z trouby a opatrně do ní nalijte těsto, které rovnoměrně rozetřete.

f) Pokud chcete, posypte horní část těsta čerstvým rozmarýnem nebo jinými bylinkami.

g) Pánev nebo zapékací mísu vložte zpět do trouby a pečte asi 20–25 minut, nebo dokud nejsou okraje křupavé a zlatavě hnědé.

h) Vyjměte Pane di Ceci z trouby a nechte ho několik minut vychladnout, než jej nakrájíte na klínky nebo čtverce.

i) Podávejte teplé nebo při pokojové teplotě jako přílohu, předkrm nebo svačinu.

82.Pane Di Patate

SLOŽENÍ:
- 2 ¼ hrnku chlebové mouky
- 1½ šálku vařených a šťouchaných brambor
- 2 lžičky instantního droždí
- 2 lžičky soli
- 2 lžíce extra panenského olivového oleje
- ⅔ šálku vlažné vody

INSTRUKCE:

a) Ve velké míse smíchejte chlebovou mouku, instantní droždí a sůl. Dobře promíchejte.

b) Přidejte bramborovou kaši k suchým ingrediencím a míchejte, dokud se nezapracují.

c) Ke směsi postupně přidávejte vlažnou vodu a olivový olej a míchejte lžící nebo rukama, dokud nevznikne lepivé těsto.

d) Těsto přeneste na lehce pomoučněnou plochu a hněťte asi 10 minut, dokud nebude hladké a pružné.

e) Těsto dejte do lehce olejem vymazané mísy, přikryjte čistou kuchyňskou utěrkou a nechte na teplém místě kynout asi 1–2 hodiny, nebo dokud nezdvojnásobí svůj objem.

f) Jakmile těsto vykyne, opatrně ho vyfoukněte a přeneste na plech vyložený pečicím papírem.

g) Z těsta vytvarujte kulatý nebo oválný bochník.

h) Bochník přikryjte čistou kuchyňskou utěrkou a nechte kynout další 1-2 hodiny, nebo dokud se viditelně neroztáhne.

i) Předehřejte troubu na 220 °C (425 °F).

j) Nařízněte vršek bochníku ostrým nožem a vytvořte několik řezů.

k) Plech s bochníkem vložíme do předehřáté trouby a pečeme asi 30–35 minut, nebo dokud chléb nevytvoří zlatohnědou kůrku a při poklepání na dno zní dutě.

l) Před krájením a podáváním vyndejte Pane di Patate z trouby a nechte vychladnout na mřížce.

83. Taralli

SLOŽENÍ:
- 4 hrnky univerzální mouky
- 2 lžičky soli
- 2 lžičky cukru
- 2 lžičky prášku do pečiva
- 120 ml (½ šálku) bílého vína
- 120 ml (½ šálku) extra panenského olivového oleje
- Voda (dle potřeby)
- Volitelné příchutě: semena fenyklu, černý pepř, chilli vločky atd.

INSTRUKCE:
a) Ve velké míse smíchejte mouku, sůl, cukr a prášek do pečiva. Dobře promíchejte.
b) K suchým ingrediencím přidejte bílé víno a olivový olej. Míchejte, dokud se ingredience nezačnou spojovat.
c) Postupně přidávejte vodu, po troškách, a přitom těsto rukama hněte, dokud nevznikne hladké a mírně tuhé těsto. Potřebné množství vody se může lišit v závislosti na vlhkosti vašeho prostředí.
d) Pokud chcete, přidejte do těsta příchutě, jako jsou fenyklová semínka, černý pepř nebo chilli vločky. Těsto ještě párkrát prohněteme, aby se chutě rovnoměrně rozložily.
e) Těsto rozdělte na menší části a každou část rozválejte na tenký provaz o průměru asi 1 cm (0,4 palce).
f) Nařežte lano na malé kousky, asi 7-10 cm (2,8-4 palce) dlouhé.
g) Vezměte každý kus a spojte konce dohromady, abyste vytvořili kruhový tvar.
h) Předehřejte troubu na 180 °C (350 °F).
i) Přiveďte k varu velký hrnec s vodou. Do vroucí vody přidejte hrst soli.
j) Opatrně vhoďte několik Taralli najednou do vroucí vody a vařte asi 1-2 minuty, nebo dokud nevyplavou na povrch.
k) Pomocí děrované lžíce nebo skimmeru vyjměte uvařené Taralli z vody a přeneste je na plech vyložený pečicím papírem.
l) Taralli vložte do předehřáté trouby a pečte asi 25–30 minut, nebo dokud nezezlátnou a nebudou křupavé.
m) Vyjměte Taralli z trouby a před podáváním je nechte úplně vychladnout.

TURECKÝ CHLÉB

84. Simit

SLOŽENÍ:
- 4 hrnky univerzální mouky
- 1 lžíce aktivního suchého droždí
- 1 lžíce cukru
- 1 lžička soli
- 1 lžíce rostlinného oleje
- 1 ½ šálku teplé vody
- ½ šálku melasy (na namáčení)
- 1 hrnek sezamových semínek (na obalování)

INSTRUKCE:

a) V malé misce smíchejte teplou vodu, cukr a droždí. Necháme asi 5 minut odležet, dokud nezpění.

b) Ve velké míse smíchejte mouku a sůl. Uprostřed udělejte důlek a nalijte do něj kvasnicovou směs a rostlinný olej. Míchejte vařečkou nebo rukama, dokud nevznikne husté těsto.

c) Těsto přeneste na pomoučněnou plochu a hněťte asi 8-10 minut, dokud nebude hladké a pružné. Pokud je těsto příliš lepivé, můžete přidat ještě trochu mouky.

d) Těsto dejte do vymazané mísy a přikryjte vlhkou utěrkou. Necháme na teplém místě kynout asi 1-2 hodiny, dokud nezdvojnásobí svůj objem.

e) Předehřejte troubu na 425 °F (220 °C). Plech vyložte pečícím papírem.

f) Vykynuté těsto protlačíme a rozdělíme na menší porce o velikosti tenisového míčku. Vezměte každou část a srolujte ji do tenkého provazu, přibližně 18 palců dlouhého.

g) Vytvarujte lano do kruhu, mírně překrývající konce a stočte je dohromady, aby se utěsnily. Opakujte se zbývajícími částmi těsta.

h) Nalijte melasu do mělké misky. Ponořte každý simit do melasy a ujistěte se, že je rovnoměrně potažen.

i) Rozložte sezamová semínka na plochý talíř. Simit potažený melasou obalte v sezamových semínkách a jemně přitlačte, aby přilnuly k těstu.

j) Potažené simits položíme na připravený plech. Necháme je asi 10-15 minut odpočinout.

k) Simity pečte v předehřáté troubě asi 15–20 minut nebo dokud nezezlátnou.

l) Vyndejte z trouby a nechte je vychladnout na mřížce.

85. Ekmek

SLOŽENÍ:
- 4 hrnky chlebové mouky
- 2 lžičky instantního droždí
- 2 lžičky soli
- 2 šálky teplé vody

INSTRUKCE:
a) Ve velké míse smíchejte chlebovou mouku, instantní droždí a sůl.
b) Za míchání vařečkou nebo rukama postupně přidávejte teplou vodu. Pokračujte v míchání, dokud se těsto nezačne spojovat.
c) Těsto přeneste na pomoučněnou plochu a hněťte asi 10-15 minut, dokud nebude hladké a pružné. Pokud je těsto příliš lepivé, můžete během hnětení přidat trochu mouky.
d) Uhnětené těsto vložte zpět do mísy a přikryjte vlhkou utěrkou. Necháme na teplém místě kynout asi 1-2 hodiny nebo dokud nezdvojnásobí svůj objem.
e) Předehřejte troubu na 450 °F (230 °C). Pokud máte pečicí kámen nebo plech, vložte jej do trouby, aby se také předehřál.
f) Jakmile těsto vykyne, jemně ho promáčkněte, aby se uvolnily vzduchové bubliny. Těsto přendejte na pomoučněnou plochu a vytvarujte z něj kulatý nebo oválný bochník.
g) Vytvarované těsto položte na plech nebo předehřátý pečicí kámen. Ostrým nožem udělejte na bochníku několik šikmých řezů.
h) Pečte ekmek v předehřáté troubě asi 20-25 minut nebo dokud nezezlátne a po poklepání na dno nezní dutě.
i) Vyjměte ekmek z trouby a před krájením a podáváním jej nechte vychladnout na mřížce.

86. Lahmacun

SLOŽENÍ:
NA TĚSTO:
- 2 ½ šálků univerzální mouky
- 1 lžička soli
- 1 lžička instantního droždí
- 1 lžička cukru
- 1 lžíce olivového oleje
- ¾ šálku teplé vody

K NÁPLNĚ:
- ½ libry mletého jehněčího nebo hovězího masa
- 1 cibule, nakrájená nadrobno
- 2 rajčata, nakrájená nadrobno
- 1 červená paprika, jemně nasekaná
- 3 stroužky česneku, nasekané
- 2 lžíce rajčatového protlaku
- 2 lžíce olivového oleje
- 2 lžíce citronové šťávy
- 2 lžičky mletého kmínu
- 1 lžička papriky
- 1 lžička sušeného oregana
- Sůl a pepř na dochucení

INSTRUKCE:
a) V míse smíchejte mouku, sůl, instantní droždí a cukr. Přidejte olivový olej a teplou vodu. Dobře promíchejte, dokud se těsto nespojí.

b) Těsto přeneste na pomoučněnou plochu a hněťte asi 5–7 minut, dokud nebude hladké a pružné. Těsto vložíme zpět do mísy, přikryjeme vlhkou utěrkou a necháme asi 30 minut odpočívat.

c) Mezitím si připravte směs na polevu. V samostatné misce smíchejte mleté jehněčí nebo hovězí maso, najemno nakrájenou cibuli, rajčata, červenou papriku, mletý česnek, rajčatový protlak, olivový olej, citronovou šťávu, mletý kmín, papriku, sušené oregano, sůl a pepř. Dobře promíchejte, aby se všechny ingredience spojily.

d) Předehřejte troubu na nejvyšší nastavení teploty (obvykle kolem 500 °F nebo 260 °C).
e) Těsto rozdělte na menší porce. Odebírejte jednu porci po druhé a vyválejte ji do tenkého kulatého tvaru o průměru asi 8-10 palců. Vyválené těsto položte na plech nebo pizza kámen.
f) Na těsto rovnoměrně rozetřete tenkou vrstvu polevy a po okrajích nechte malý okraj.
g) Postup opakujte se zbývajícími částmi těsta a směsí na polevu.
h) Připravený lahmacun vložíme do předehřáté trouby a pečeme asi 8-10 minut, nebo dokud okraje těsta nezezlátnou a poleva není propečená.
i) Vyjměte lahmacun z trouby a před krájením ho nechte několik minut vychladnout. Tradičně se sroluje a podává se šťávou z citronu a čerstvou petrželkou.

87. Bazlama

SLOŽENÍ:
- 4 hrnky univerzální mouky
- 2 lžičky instantního droždí
- 1 lžička cukru
- 1 lžička soli
- 1 ½ šálku teplé vody
- 2 lžíce olivového oleje

INSTRUKCE:
a) V malé misce smíchejte teplou vodu, cukr a instantní droždí. Necháme asi 5 minut odležet, dokud nezpění.
b) Ve velké míse smíchejte mouku a sůl. Uprostřed udělejte důlek a nalijte do něj kvasnicovou směs a olivový olej. Míchejte vařečkou nebo rukama, dokud nevznikne chlupaté těsto.
c) Těsto přeneste na pomoučněnou plochu a hněťte asi 5–7 minut, dokud nebude hladké a pružné. Pokud je těsto příliš lepivé, můžete během hnětení přidat trochu mouky.
d) Uhnětené těsto vložte zpět do mísy a přikryjte vlhkou utěrkou. Necháme na teplém místě kynout asi 1-2 hodiny nebo dokud nezdvojnásobí svůj objem.
e) Jakmile těsto vykyne, promáčkněte ho, aby se uvolnily vzduchové bubliny. Těsto rozdělte na stejně velké porce v závislosti na požadované velikosti bazlamy.
f) Vezměte jednu část těsta a rozválejte ho do kulatého nebo oválného tvaru o tloušťce asi ¼ palce. Opakujte se zbývajícími částmi těsta.
g) Rozehřejte pánev nebo velkou nepřilnavou pánev na střední teplotu. Vyválené těsto položte na rozehřátou plochu a opékejte asi 2-3 minuty z každé strany, nebo dokud se lehce nenafoukne a nevytvoří se na něm zlatavě hnědé skvrny.
h) Uvařenou bazlamu vyjměte z pánve nebo pánve a zabalte ji do čisté kuchyňské utěrky, aby zůstala teplá a měkká. Postup opakujte se zbývajícími částmi těsta.

88. Sırıklı Ekmek

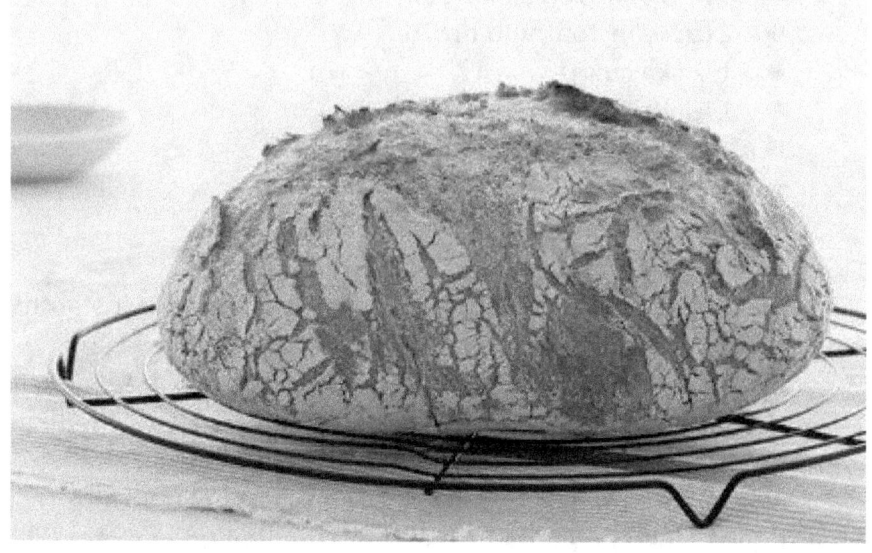

SLOŽENÍ:
- 4 hrnky univerzální mouky
- 2 lžičky instantního droždí
- 1 lžička cukru
- 1 lžička soli
- 1 ½ šálku teplé vody
- 2 lžíce olivového oleje
- Sezamová semínka (volitelně, na polevu)
- Dřevěné špejle (předem namočené ve vodě, aby se nespálily)

INSTRUKCE:
a) V malé misce smíchejte teplou vodu, cukr a instantní droždí. Necháme asi 5 minut odležet, dokud nezpění.
b) Ve velké míse smíchejte mouku a sůl. Uprostřed udělejte důlek a nalijte do něj kvasnicovou směs a olivový olej. Míchejte vařečkou nebo rukama, dokud nevznikne chlupaté těsto.
c) Těsto přeneste na pomoučněnou plochu a hněťte asi 5–7 minut, dokud nebude hladké a pružné. Pokud je těsto příliš lepivé, můžete během hnětení přidat trochu mouky.
d) Uhnětené těsto vložte zpět do mísy a přikryjte vlhkou utěrkou. Necháme na teplém místě kynout asi 1-2 hodiny nebo dokud nezdvojnásobí svůj objem.
e) Jakmile těsto vykyne, promáčkněte ho, aby se uvolnily vzduchové bubliny. Těsto rozdělte na stejně velké porce.
f) Vezměte jednu část těsta a rozválejte ho na dlouhý a tenký obdélník o tloušťce asi ⅛ palce.
g) Vyválené těsto opatrně obtočte kolem předem namočené dřevěné špejle, začněte od jednoho konce a spirálovitě ji stočte až ke konci druhému. Pevně zatlačte na konce těsta, aby bylo zajištěno na špejli.
h) Postup opakujte se zbývajícími částmi těsta a špejlí.
i) Rozpalte gril nebo oheň na dřevěném uhlí na středně vysokou teplotu.
j) Napíchané těsto umístěte na gril nebo na oheň na dřevěném uhlí a občas s ním otočte, aby se zajistilo rovnoměrné propečení. Vařte asi 5–7 minut, nebo dokud chléb nezezlátne a nebude křupavý.
k) Po upečení vyjměte sırıklı ekmek ze špejlí a podle potřeby posypte chléb sezamovými semínky.

89. Lavaş

SLOŽENÍ:
- 4 hrnky univerzální mouky
- 1 lžička soli
- 1 ½ šálku teplé vody
- 2 lžíce olivového oleje
- Extra mouka na posypání

INSTRUKCE:
a) Ve velké míse smíchejte mouku a sůl, uprostřed vytvořte důlek. Zde nasypete ostatní ingredience.
b) Do prohlubně nalijte teplou vodu a olivový olej. Mokré suroviny postupně vařečkou nebo rukama vmícháme do mouky.
c) Pokračujte v míchání, dokud nevznikne hrubé těsto. Pokud se vám zdá příliš suchý, přidejte ještě trochu vody; pokud se vám zdá příliš lepivé, přisypte malé množství mouky.
d) Těsto přendejte na čistou, moukou posypanou plochu a začněte hnětat. Pomocí paty ruky těsto odtlačte od sebe, poté ho přeložte zpět k sobě a opakujte. Pokračujte v hnětení asi 5-7 minut, dokud těsto nebude hladké a pružné.
e) Uhnětené těsto vložte zpět do mísy a přikryjte vlhkou utěrkou. Těsto nechte asi 30 minut odpočinout, aby se uvolnilo a lépe se s ním pracovalo.
f) Předehřejte nepřilnavou pánev nebo gril na střední teplotu.
g) Odpočinuté těsto rozdělte na menší porce. Odebírejte jednu porci a vyválejte ji do tenkého kruhového tvaru. Těsto podle potřeby lehce popráším moukou, aby se nelepilo.
h) Vyválené těsto opatrně přeneste na předehřátou pánev nebo rošt. Opékejte asi 1–2 minuty z každé strany, nebo dokud se chléb nenafoukne a nevytvoří se na něm světle hnědé skvrny. Opakujte se zbývajícími částmi těsta.
i) Když se každý chléb lavaš vaří, naskládejte je na čistou kuchyňskou utěrku, aby zůstaly teplé a poddajné.
j) Čerstvě uvařený lavaš chléb podávejte teplý, buď jej obalte kolem náplní dle vlastního výběru nebo jej podávejte k dipům, kebabům nebo jiným pokrmům.

90.Acı Ekmeği

SLOŽENÍ:
- 4 hrnky univerzální mouky
- 2 lžičky instantního droždí
- 1 lžička soli
- 1 lžíce cukru
- 1 lžíce mletého kmínu
- 1 lžička papriky
- 1 lžička chilli vloček (upravte podle chuti)
- 1 lžička sušeného oregana
- 1 lžička česnekového prášku
- 1 šálek teplé vody
- 3 lžíce olivového oleje
- Extra mouka na posypání

INSTRUKCE:
a) Ve velké míse smíchejte mouku, instantní droždí, sůl, cukr, kmín, papriku, chilli vločky, sušené oregano a česnekový prášek. Dobře promíchejte, aby se koření rovnoměrně rozložilo.
b) Uprostřed suchých surovin udělejte důlek a zalijte teplou vodou a olivovým olejem.
c) Postupně smíchejte vařečkou nebo rukama mokré a suché ingredience, dokud nevznikne lepivé těsto.
d) Těsto přeneste na lehce pomoučněnou plochu a hněťte asi 5–7 minut, dokud nebude hladké a pružné. Pokud je těsto příliš lepivé, přidejte během hnětení ještě trochu mouky.
e) Uhnětené těsto vložíme zpět do mísy, přikryjeme vlhkou utěrkou a necháme na teplém místě kynout asi 1-2 hodiny, nebo dokud nezdvojnásobí svůj objem.
f) Předehřejte troubu na 425 °F (220 °C). Plech vyložte pečícím papírem.
g) Jakmile těsto vykyne, promáčkněte ho, aby se uvolnily vzduchové bubliny. Těsto přendáme na pomoučněnou plochu a rozdělíme na stejně velké porce.
h) Odeberte jednu porci těsta a vytvarujte z něj kulatý nebo oválný bochník. Položte na připravený plech. Opakujte se zbývajícími

částmi těsta a mezi jednotlivými bochníky ponechejte určitý prostor.
i) Ostrým nožem narýhujte vršky bochníků diagonálně.
j) Acı Ekmeği pečte v předehřáté troubě asi 15–20 minut, nebo dokud chléb nezezlátne a nezní dutě, když poklepete na dno.
k) Po upečení chléb vyjměte z trouby a nechte vychladnout na mřížce.

91. Peksimet

SLOŽENÍ:
- Prošlé plátky chleba
- Med, hroznový sirup nebo melasa (volitelné)
- Sezamová semínka nebo skořice (volitelné)

INSTRUKCE:
a) Předehřejte troubu na nejnižší nastavení teploty, obvykle kolem 200 °F (93 °C).
b) Nakrájejte starý chléb na tenké kousky. Můžete je nakrájet do libovolného tvaru, jako jsou čtverce nebo obdélníky.
c) Plátky chleba rozložte na plech v jedné vrstvě a ujistěte se, že se nepřekrývají. V závislosti na množství chleba můžete potřebovat více plechů nebo péct v dávkách.
d) Plechy vložte do předehřáté trouby a plátky chleba nechte péct asi 2–3 hodiny, nebo dokud nejsou úplně suché a křupavé. Doba pečení se může lišit v závislosti na tloušťce chleba a požadované úrovni křupavosti.
e) Jakmile jsou plátky chleba suché a křupavé, vyjměte je z trouby a nechte zcela vychladnout.
f) V tomto okamžiku si můžete vychutnat obyčejný peksimet tak, jak je, nebo můžete přidat nějaké aroma, pokud chcete. Pro dotek sladkosti můžete peksimet potřít medem, hroznovým sirupem nebo melasou, dokud jsou ještě teplé.
g) Alternativně můžete peksimet posypat sezamovými semínky nebo skořicí, abyste přidali chuť.
h) Před uložením do vzduchotěsné nádoby nechte peksimet zcela vychladnout a uschnout. Chladnutím budou ještě křupavější.

92.Čevizli Ekmek

SLOŽENÍ:
- 4 hrnky univerzální mouky
- 2 lžičky instantního droždí
- 1 lžička soli
- 1 lžíce cukru
- 1 ½ šálku teplé vody
- ½ šálku nasekaných vlašských ořechů
- Extra mouka na posypání

INSTRUKCE:
a) Ve velké míse smíchejte mouku, instantní droždí, sůl a cukr. Dobře promíchejte, aby se suché přísady rovnoměrně rozložily.
b) Uprostřed suché směsi udělejte důlek a zalijte teplou vodou. Směs mícháme, dokud se nezačne spojovat.
c) Těsto přeneste na čistou, moukou posypanou plochu a hněťte asi 5–7 minut, dokud nebude hladké a pružné.
d) V případě potřeby přidejte více mouky, abyste zabránili slepení.
e) Jakmile je těsto dobře prohnětené, vložte jej zpět do mísy. Mísu přikryjeme vlhkou utěrkou a těsto necháme na teplém místě kynout asi 1-2 hodiny, nebo dokud nezdvojnásobí svůj objem.
f) Předehřejte troubu na 425 °F (220 °C). Plech vyložte pečícím papírem.
g) Jakmile těsto vykyne, promáčkněte ho, aby se uvolnily vzduchové bubliny. Těsto přeneste na pomoučněnou plochu a vyrovnejte do tvaru obdélníku nebo oválu.
h) Povrch těsta rovnoměrně posypeme nasekanými vlašskými ořechy. Vlašské ořechy jemně zatlačte do těsta, aby přilnuly.
i) Těsto z jednoho konce pevně srolujte a vytvořte tvar polena s ořechy uvnitř. Sevřete švy a konce pro utěsnění.
j) Vytvarované těsto položte na připravený plech. Přikryjeme čistou utěrkou a necháme asi 15-20 minut odpočívat.
k) Cevizli Ekmek pečte v předehřáté troubě asi 25–30 minut, nebo dokud chléb nezezlátne a při poklepání na dno nezní dutě.
l) Po upečení vyjměte chléb z trouby a před krájením a podáváním jej nechte vychladnout na mřížce.

93. Yufka

SLOŽENÍ:
- 4 hrnky univerzální mouky
- 1 lžička soli
- 1 ½ šálku teplé vody
- 2 lžíce olivového oleje
- Extra mouka na posypání

INSTRUKCE:
a) Ve velké míse smíchejte mouku a sůl. Uprostřed vytvořte studnu.
b) Do prohlubně nalijte teplou vodu a olivový olej. Mokré suroviny postupně vařečkou nebo rukama vmícháme do mouky.
c) Pokračujte v míchání, dokud nevznikne hrubé těsto. Pokud se vám zdá příliš suchý, přidejte ještě trochu vody; pokud se vám zdá příliš lepivé, přisypte malé množství mouky.
d) Těsto přeneste na čistou, moukou posypanou plochu a hněťte asi 5–7 minut, dokud nebude hladké a pružné.
e) Uhnětené těsto rozdělte na menší porce. Z každé části vytvarujte kouli a přikryjte ji vlhkou utěrkou. Nechte je asi 15-20 minut odpočívat, aby se lepek uvolnil.
f) Po odpočinutí vezměte jednu kouli těsta a zploštěte ji rukama, abyste vytvořili malý kotouč.
g) Pracovní plochu poprašte moukou a vyválejte váleček těsta co nejtenčí. Těsto často otáčejte a převracejte, abyste zajistili rovnoměrnou tloušťku.
h) Po vyválení yufku opatrně nadzvedněte a položte ji na čistou suchou utěrku nebo plech, aby mírně oschla. Postup opakujte se zbývajícími kuličkami těsta.
i) Nechte yufku zaschnout asi 10-15 minut, nebo dokud nebudou na dotek lepkavé.
j) Zahřejte nepřilnavou pánev nebo gril na střední teplotu. Každou yufku vařte asi 1–2 minuty z každé strany, nebo dokud se na nich nevyvinou světle zlatavě hnědé skvrny.
k) Když se každá yufka vaří, naskládejte je na čistou kuchyňskou utěrku, aby zůstaly teplé a poddajné.

94.Pide Ekmek

SLOŽENÍ:
- 4 hrnky univerzální mouky
- 2 lžičky instantního droždí
- 2 lžičky cukru
- 2 lžičky soli
- 2 lžíce olivového oleje
- 1 ½ šálku teplé vody
- Volitelné polevy: sezamová semínka, semena nigelly nebo jiné požadované polevy

INSTRUKCE:

a) V malé misce smíchejte teplou vodu, cukr a instantní droždí. Dobře promíchejte a nechte uležet asi 5-10 minut, nebo dokud směs nezpění.

b) Ve velké míse smíchejte mouku a sůl. Uprostřed udělejte důlek a nalijte do něj kvasnicovou směs a olivový olej.

c) Postupně zapracujte mouku do tekutiny, míchejte lžící nebo rukama, dokud nevznikne těsto.

d) Těsto přeneste na pomoučněnou plochu a hněťte asi 10 minut, nebo dokud nebude hladké a pružné. V případě potřeby přidejte více mouky, abyste zabránili slepení, ale nepřidávejte příliš mnoho, protože by chléb mohl být hustý.

e) Těsto dejte do lehce olejem vymazané mísy, přikryjte vlhkou utěrkou nebo igelitem a nechte na teplém místě kynout asi 1–2 hodiny, nebo dokud nezdvojnásobí svůj objem.

f) Předehřejte troubu na 475 °F (245 °C) a vyložte plech pečicím papírem.

g) Vykynuté těsto promáčkněte, aby se uvolnily vzduchové bubliny, a rozdělte ho na 4 stejné části. Každou část vytvarujte do podlouhlého oválného tvaru o tloušťce asi 1 cm.

h) Vytvarované pide chleby položte na připravený plech. Pokud chcete, můžete vršky potřít olivovým olejem a posypat sezamovými semínky, semínky nigelly nebo jakoukoli jinou požadovanou polevou.

i) Pide chleby pečte v předehřáté troubě asi 12–15 minut, nebo dokud nezezlátnou a nevytvoří se na nich lehká kůrka.

j) Vyjměte pide chleby z trouby a před podáváním je nechte několik minut vychladnout.

95.Vakfıkebir Ekmeği

SLOŽENÍ:
- 4 hrnky chlebové mouky
- 2 lžičky instantního droždí
- 2 lžičky cukru
- 2 lžičky soli
- 2 lžíce olivového oleje
- 1 ½ šálku teplé vody

INSTRUKCE:

a) V malé misce smíchejte teplou vodu, cukr a instantní droždí. Dobře promíchejte a nechte uležet asi 5-10 minut, nebo dokud směs nezpění.

b) Ve velké míse smíchejte chlebovou mouku a sůl. Uprostřed udělejte důlek a nalijte do něj kvasnicovou směs a olivový olej.

c) Postupně do tekutiny zapracujte mouku a míchejte lžící nebo rukama, dokud nevznikne chlupaté těsto.

d) Těsto přeneste na pomoučněnou plochu a hněťte asi 10 minut, nebo dokud nebude hladké a pružné. V případě potřeby přidejte více mouky, abyste zabránili slepení, ale nepřidávejte příliš mnoho, protože by chléb mohl být hustý.

e) Těsto dejte do lehce olejem vymazané mísy, přikryjte vlhkou utěrkou nebo igelitem a nechte na teplém místě kynout asi 1–2 hodiny, nebo dokud nezdvojnásobí svůj objem.

f) Předehřejte troubu na 425 °F (220 °C) a vložte do trouby pečicí kámen nebo plech, aby se také předehřály.

g) Vykynuté těsto protlačte, aby se uvolnily vzduchové bubliny, a vytvarujte z něj kulatý nebo oválný bochník. Bochník položíme na plech vyložený pečicím papírem.

h) Těsto přikryjeme vlhkou utěrkou a necháme asi 15-20 minut odpočívat.

i) Odstraňte utěrku a ostrým nožem nebo kulhavým chlebem nařízněte vršek bochníku několika šikmými řezy.

j) Plech s bochníkem opatrně přendejte na předehřátý pečicí kámen nebo plech v troubě.

k) Chleba pečte asi 30–35 minut, nebo dokud kůrka nezezlátne a po poklepání na dno zní dutě.

l) Vyjměte chléb z trouby a před krájením a podáváním jej nechte vychladnout na mřížce.

96.Karadeniz Yöresi Ekmeği

SLOŽENÍ:
- 4 hrnky chlebové mouky
- 2 lžičky instantního droždí
- 2 lžičky cukru
- 2 lžičky soli
- 2 lžíce olivového oleje nebo slunečnicového oleje
- 1 ½ šálku teplé vody

INSTRUKCE:
a) V malé misce smíchejte teplou vodu, cukr a instantní droždí. Dobře promíchejte a nechte uležet asi 5-10 minut, nebo dokud směs nezpění.
b) Ve velké míse smíchejte chlebovou mouku a sůl. Uprostřed udělejte důlek a nalijte do něj kvasnicovou směs a olivový olej.
c) Postupně do tekutiny zapracujte mouku a míchejte lžící nebo rukama, dokud nevznikne chlupaté těsto.
d) Těsto přeneste na pomoučněnou plochu a hněťte asi 10 minut, nebo dokud nebude hladké a pružné. V případě potřeby přidejte více mouky, abyste zabránili slepení, ale nepřidávejte příliš mnoho, protože by chléb mohl být hustý.
e) Těsto dejte do lehce olejem vymazané mísy, přikryjte vlhkou utěrkou nebo igelitem a nechte na teplém místě kynout asi 1–2 hodiny, nebo dokud nezdvojnásobí svůj objem.
f) Předehřejte troubu na 425 °F (220 °C) a vložte do trouby pečicí kámen nebo plech, aby se také předehřály.
g) Vykynuté těsto protlačte, aby se uvolnily vzduchové bubliny, a vytvarujte z něj kulatý nebo oválný bochník. Můžete z něj také vytvarovat tradiční Karadeniz Yöresi Ekmeği tak, že těsto rozdělíte na menší kousky a vytvarujete je do podlouhlých tvarů se zkosenými konci.
h) Vytvarované těsto dejte na plech vyložený pečicím papírem.
i) Těsto přikryjeme vlhkou utěrkou a necháme asi 15-20 minut odpočívat.
j) Odstraňte utěrku a ostrým nožem nebo kulhavým chlebem nařízněte vršek bochníku několika šikmými zářezy nebo vytvořte vzor, pokud si to přejete.

k) Plech s bochníkem opatrně přendejte na předehřátý pečicí kámen nebo plech v troubě.
l) Chleba pečte asi 30–35 minut, nebo dokud kůrka nezezlátne a po poklepání na dno zní dutě.
m) Vyjměte chléb z trouby a před krájením a podáváním jej nechte vychladnout na mřížce.

97.Köy Ekmeği

SLOŽENÍ:
- 4 hrnky chlebové mouky
- 2 lžičky instantního droždí
- 2 lžičky soli
- 2 lžičky cukru
- 2 šálky vlažné vody

INSTRUKCE:

a) V malé misce smíchejte vlažnou vodu, cukr a instantní droždí. Dobře promíchejte a nechte uležet asi 5-10 minut, nebo dokud směs nezpění.

b) Ve velké míse smíchejte chlebovou mouku a sůl. Uprostřed udělejte důlek a nalijte do něj kvasnicovou směs.

c) Postupně do tekutiny zapracujte mouku a míchejte lžící nebo rukama, dokud nevznikne chlupaté těsto.

d) Těsto přeneste na pomoučněnou plochu a hněťte asi 10–15 minut, nebo dokud nebude hladké a pružné. V případě potřeby přidejte více mouky, abyste zabránili slepení, ale nepřidávejte příliš mnoho, protože by chléb mohl být hustý.

e) Těsto dejte do lehce olejem vymazané mísy, přikryjte vlhkou utěrkou nebo igelitem a nechte na teplém místě kynout asi 1–2 hodiny, nebo dokud nezdvojnásobí svůj objem.

f) Předehřejte troubu na 450 °F (230 °C) a vložte do trouby pečicí kámen nebo plech, aby se také předehřály.

g) Vykynuté těsto protlačte, aby se uvolnily vzduchové bubliny, a vytvarujte z něj kulatý nebo oválný bochník. Těsto můžete také rozdělit na menší části a podle potřeby z nich vytvarovat jednotlivé válečky.

h) Vytvarované těsto dejte na plech vyložený pečicím papírem.

i) Těsto přikryjeme vlhkou utěrkou a necháme asi 15-20 minut odpočívat.

j) Odstraňte utěrku a ostrým nožem nebo kulhavým chlebem nařízněte vršek bochníku několika šikmými zářezy nebo vytvořte vzor, pokud si to přejete.

k) Plech s bochníkem opatrně přendejte na předehřátý pečicí kámen nebo plech v troubě.
l) Chleba pečte asi 30–35 minut, nebo dokud kůrka nezezlátne a po poklepání na dno zní dutě.
m) Vyjměte chléb z trouby a před krájením a podáváním jej nechte vychladnout na mřížce.

98. Tost Ekmeği

SLOŽENÍ:
- 4 hrnky chlebové mouky
- 2 lžičky instantního droždí
- 2 lžičky cukru
- 2 lžičky soli
- 2 lžíce olivového oleje
- 1 ½ šálku teplé vody

INSTRUKCE:

a) Ve velké míse smíchejte chlebovou mouku, instantní droždí, cukr a sůl. Dobře promíchejte, aby se suché přísady rovnoměrně rozložily.

b) K suchým ingrediencím přidejte olivový olej a promíchejte.

c) Za stálého míchání postupně nalévejte teplou vodu do mísy. Pokračujte v míchání, dokud se těsto nezačne spojovat.

d) Těsto přeneste na lehce pomoučněnou plochu a hněťte asi 10–15 minut, nebo dokud nebude hladké a pružné. V případě potřeby přidejte více mouky, abyste zabránili slepení, ale nepřidávejte příliš mnoho, protože by chléb mohl být hustý.

e) Z těsta vytvarujte kouli a vložte ji zpět do mísy. Mísu přikryjte vlhkou utěrkou nebo igelitem a nechte těsto na teplém místě kynout asi 1-2 hodiny, nebo dokud nezdvojnásobí svůj objem.

f) Jakmile těsto vykyne, promáčkněte ho, aby se uvolnily vzduchové bubliny. Těsto přeneste na lehce pomoučněnou plochu a rozdělte ho na stejně velké porce v závislosti na požadované velikosti vašeho Tost Ekmeği.

g) Z každé části vytvarujte kouli a poté ji vyrovnejte do obdélníkového tvaru o tloušťce asi 1 cm. K dosažení požadovaného tvaru a tloušťky můžete použít váleček.

h) Vyválené kousky těsta položte na plech vyložený pečicím papírem. Přikryjeme je utěrkou a necháme asi 15-20 minut odpočívat.

i) Předehřejte troubu na 400 °F (200 °C).

j) Tost Ekmeği pečte v předehřáté troubě asi 15–20 minut, nebo dokud nezezlátnou a nezní dutě, když poklepete na dno.

k) Vyjměte chléb z trouby a před krájením a použitím na sendviče nebo opékání ho nechte vychladnout na mřížce.

99.Kaşarlı Ekmek

SLOŽENÍ:
- 4 hrnky chlebové mouky
- 2 lžičky instantního droždí
- 2 lžičky cukru
- 2 lžičky soli
- 2 lžíce olivového oleje
- 1 ½ šálku teplé vody
- 200 gramů veganského taveného sýra, nastrouhaného
- Volitelné: semínka nigelly nebo sezamová semínka na polevu

INSTRUKCE:
a) Ve velké míse smíchejte chlebovou mouku, instantní droždí, cukr a sůl. Zajistěte rovnoměrné rozložení suchých přísad.
b) Do suché směsi přidejte olivový olej, důkladně promíchejte.
c) Za stálého míchání postupně nalévejte teplou vodu do mísy. Pokračujte v míchání, dokud se těsto nezačne spojovat.
d) Těsto přeneste na lehce pomoučněnou plochu a hněťte 10–15 minut, nebo dokud nebude hladké a pružné. V případě potřeby přidejte více mouky, vyhněte se nadměrnému množství, které by mohlo způsobit hutnost chleba.
e) Z těsta vytvarujte kouli, vraťte ji do mísy a přikryjte vlhkou utěrkou nebo plastovou fólií. Necháme kynout na teplém místě 1-2 hodiny, nebo dokud nezdvojnásobí svůj objem.
f) Po vykynutí těsto protlačte, aby se uvolnily vzduchové bubliny. Rozdělte ho na stejně velké porce v závislosti na požadované velikosti chleba.
g) Vezměte jednu porci, vyrovnejte ji do kruhu nebo oválu (asi ½ palce tlustého) a na jednu polovinu bohatě posypte strouhaným veganským sýrem a nechte okraj.
h) Druhou polovinu přehněte přes sýr a okraje přitiskněte, aby se utěsnily.
i) Naplněný chléb položte na plech vyložený pečicím papírem. Opakujte se zbývajícími částmi těsta a sýrem.
j) Volitelné: Potřete vršek rostlinnou náhražkou vajec a posypte semínky nigelly nebo sezamovými semínky pro větší chuť a vizuální přitažlivost.
k) Předehřejte troubu na 400 °F (200 °C).

l) Vegan Kaşarlı Ekmek pečte 15–20 minut nebo do zlatohněda s rozpuštěným a bublinkovým sýrem.
m) Vyjměte z trouby a před podáváním nechte mírně vychladnout. Užijte si svůj lahodný rostlinný twist na této turecké klasice!

100. Kete

SLOŽENÍ:
- 4 hrnky univerzální mouky
- 1 lžička soli
- 1 lžička cukru
- 1 lžíce aktivního suchého droždí
- 1 šálek teplého mléka
- ½ šálku rostlinného oleje
- 1 vejce, rozšlehané (na mytí vajec)
- sezamová semínka (na polevu)

INSTRUKCE:
a) Ve velké míse smíchejte mouku, sůl a cukr a důkladně promíchejte.
b) V samostatné malé misce rozpusťte droždí v teplém mléce. Nechte uležet asi 5 minut, dokud droždí nezpění.
c) Uprostřed moučné směsi vytvořte důlek a nalijte do něj kvasnicovou směs a rostlinný olej. Míchejte lžící nebo rukama, dokud nevznikne měkké těsto.
d) Těsto přendejte na lehce pomoučněnou plochu a hněťte asi 10 minut, dokud nebude hladké a pružné. V případě potřeby přidejte více mouky, abyste zabránili slepení.
e) Těsto vložíme zpět do mísy, přikryjeme vlhkou utěrkou a necháme na teplém místě kynout 1–2 hodiny, nebo dokud nezdvojnásobí svůj objem.
f) Po vykynutí těsto promáčkněte, aby se uvolnily vzduchové bubliny. Rozdělte těsto na stejně velké části podle požadované velikosti Kete.
g) Vezměte jednu porci a rozválejte ji do tenkého obdélníkového tvaru o tloušťce přibližně ¼ palce (0,5 cm).
h) Povrch vyváleného těsta potřeme rozšlehaným vejcem, na okrajích necháme malý okraj.
i) Začněte od jednoho konce a těsto pevně srolujte do tvaru polena, podobného želé.
j) Vyválené těsto z obou konců jemně protáhněte, prodloužíte a ztenčíte.

k) Vezměte jeden konec nataženého těsta a stočte ho do tvaru spirály, podobně jako skořicový váleček. Pokračujte v kroucení, dokud nedosáhnete druhého konce.
l) Postup opakujte se zbývajícími částmi těsta.
m) Předehřejte troubu na 375 °F (190 °C) a vyložte plech pečicím papírem.
n) Položte zakroucené kete chleby na připravený plech. Povrch potřeme rozšlehaným vejcem a posypeme sezamovými semínky.
o) Kete pečte v předehřáté troubě 20–25 minut, nebo dokud kůrka nezezlátne a chléb není propečený.
p) Vyjměte chléb z trouby a před podáváním jej nechte vychladnout na mřížce. Užijte si domácí Kete!

ZÁVĚR

Doufáme, že jste zažili radost a uspokojení z vytváření lahodného veganského chleba ve své vlastní kuchyni, když zakončíme naši chutnou cestu „Uměním pečení veganského chleba doma". Každý recept na těchto stránkách je oslavou umění, chutí a dobrot bez krutostí, které veganské pečení přináší na váš stůl – svědčí o nekonečných možnostech ve světě výroby rostlinného chleba.

Ať už jste si pochutnali na jednoduchosti klasického sendvičového chleba, přijali pikantnost kynutého těsta nebo si dopřáli sladkost při snídani, věříme, že těchto 100 receptů vás inspirovalo k tomu, abyste povýšili své dovednosti v přípravě veganského chleba. Kéž se koncept pečení veganského chleba stane kromě přísad a technik zdrojem radosti, kreativity a lahodného příspěvku k soucitnému životnímu stylu.

Když budete pokračovat ve zkoumání světa veganského pečení, může být „Umění pečení veganského chleba doma" vaším důvěryhodným společníkem, který vás provede řadou lahodných možností, díky nimž bude veganská výroba chleba příjemným a uspokojujícím zážitkem. Zde je osvojit si umění veganského chleba a vychutnat si dobrotu bochníků rostlinného původu – šťastné pečení!

www.ingramcontent.com/pod-product-compliance
Lightning Source LLC
Chambersburg PA
CBHW071311110526
44591CB00010B/858